MW01622352

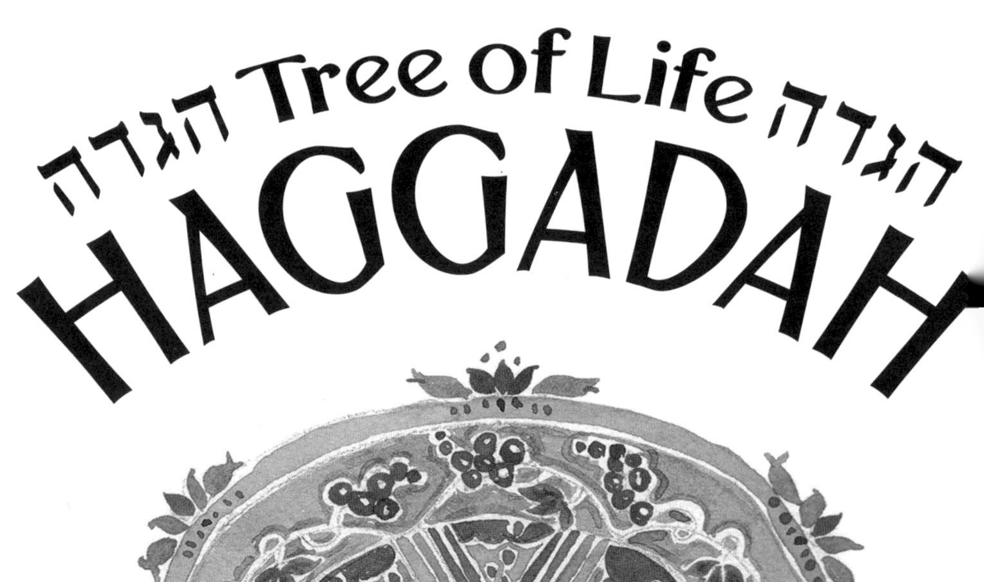

הגדה Tree of Life הגדה
HAGGADAH

Text & Songbook by Deborah Weiss
Illustrations by Amit Yaffe

First published 2021

ISBN: 978-1-56871-675-6

Published by
Targum Publishers
Shlomo ben Yosef 131a/1
Jerusalem 9380581
editor@targumpublishers.com

Distributed by
Ktav Publishers & Distributors Inc.
527 Empire Blvd.
Brooklyn, NY 11225-3121
Tel: 718-972-5449, 201-963-9524
Fax: 718-972-6307, 201-963-0102
www.ktav.com

Printed in Israel

The Tree of Life Haggadah

is dedicated to

Cantor Joseph Horowitz (1917-1997) ז״ל

&

Rose Horowitz (1926-2014) ז״ל

Thank you for the beauty, richness,
and soul of the Judaic traditions
you brought from the old world
to share with generations to come
in the new world.

What a gift that has been.

TABLE OF CONTENTS

Introduction

The intention of *The Tree of Life Haggadah* is to inspire Passover Seders that embrace traditional Judaism in a contemporary context, resonating with Seder participants from diverse spiritual and cultural backgrounds. The Passover Seder provides an opportunity for active meditation on the concepts of individual and societal freedom.

The Hebrew word "Seder" means "order". It is order that creates rituals, and sustaining those rituals allows the essence and meaning of a story to be preserved. The Judaic customs and directives of the Passover Seder provide a comprehensive order in which to integrate the energy of renewal, regeneration, and rebirth, by methodically reflecting on the story of the Israelites' emancipation from Egyptian slavery 5000 years ago.

The prayers, the songs, the symbolic elements of the Seder plate, and the sharing of a family meal are in place. The purpose of this Hagaddah is to provide a meaningful and contemporary narrative to enhance the joyful engagement of the holiday for all participants.

Preparing for Passover

The Search for Chametz

סֵדֶר בְּדִיקַת חָמֵץ

This is done the evening before the first Seder. If the first Seder falls on Saturday night, this is done on the Thursday evening preceding the Seder.

The final preparation for Passover is done by searching for chametz (leavened products) throughout the house. The leaven symbolizes impurities which multiply when left unchecked, just as the smallest piece of leavening affects an entire batch of dough. No leaven was allowed to accompany the Jews when they left Egypt so that not even a grain of their lives as slaves could be a part of their new lives.

It is customary to place 10 pieces of bread in various places around the house, and with a candle to light the way, search all corners of the house to collect the pieces. The leavened bread is a symbol of our personal search to remove even the tiniest pockets of impurity in our lives, whether they be negative thoughts and speech, or destructive actions.

בָּרוּךְ אַתָּה יְיָ אֱלֹהֵינוּ מֶלֶךְ הָעוֹלָם אֲשֶׁר קִדְּשָׁנוּ בְּמִצְוֹתָיו
וְצִוָּנוּ עַל בִּעוּר חָמֵץ:

Blessed are You, Our One God, Creator of the universe,
Who sanctified us with your commandments, and
commanded us to remove the leaven.

When the 10 pieces of chametz have been collected, the following prayer is said:

כָּל חֲמִירָא וַחֲמִיעָא דְּאִכָּא בִּרְשׁוּתִי, דְּלָא חֲמִתֵּהּ וּדְלָא בִעַרְתֵּהּ וּדְלָא יְדַעְנָא לֵיהּ, לִבְטִיל וְלֶהֱוֵי הֶפְקֵר כְּעַפְרָא דְּאַרְעָא.

Any leaven in my possession which I have not seen or removed, despite every attempt and with the use of all available resources, shall be as if it does not exist.

The following day, the leavened products remaining in the house, and the chametz collected the evening before, is burned.

(If the first Seder falls on Saturday night, the burning takes place on Friday before noon, and bread may still be eaten until Saturday morning.)

At the removal and burning of the chametz the following is said:

כָּל חֲמִירָא וַחֲמִיעָא דְּאִכָּא בִּרְשׁוּתִי, דַּחֲזִיתֵהּ וּדְלָא חֲזִיתֵהּ, דַּחֲמִיתֵהּ וּדְלָא חֲמִתֵּהּ, דְּבִעַרְתֵּהּ וּדְלָא בִעַרְתֵּהּ, לִבָּטֵל וְלֶהֱוֵי הֶפְקֵר כְּעַפְרָא דְּאַרְעָא.

All leavening and chametz that is in my possession, which I have not seen nor disposed of and about which I am unaware, is hereby nullified and shall be ownerless as the dust of the earth.

Lighting the Candles
הדלקת הנרות

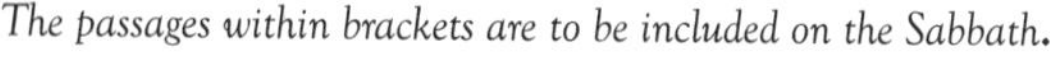

The passages within brackets are to be included on the Sabbath.

בָּרוּךְ אַתָּה יהוה אֱלֹהֵינוּ מֶלֶךְ הָעוֹלָם, אֲשֶׁר קִדְּשָׁנוּ בְּמִצְוֹתָיו וְצִוָּנוּ לְהַדְלִיק נֵר שֶׁל (שַׁבָּת וְשֶׁל) יוֹם טוֹב:

Blessed are You, Our One God, Creator of the Universe, Who has sanctified us with Your commandments and commanded us to kindle the flame of the (Sabbath and the) festival.

בָּרוּךְ אַתָּה יהוה אֱלֹהֵינוּ מֶלֶךְ הָעוֹלָם, שֶׁהֶחֱיָנוּ וְקִיְּמָנוּ וְהִגִּיעָנוּ לַזְּמַן הַזֶּה:

Blessed are You, Our One God, Creator of the Universe, Who has sustained and guided us to reach this season.

May it be Your will, Our One God and God of our ancestors, that You show favor to me and all my loved ones; and that You grant our souls and all Israel a good and fulfilled life; that You remember us with a beneficent memory and blessing; that You consider us with salvation and compassion; that You bestow on us great blessings; that You cause us to know Your Presence among us. Privilege me to raise children and grandchildren who are wise and understanding, who love and know One God, who illuminate the world with Torah and good deeds and carry out every labor in the service of the Infinite One. Please, hear my supplication at this time, and cause our light to illuminate forever, and let Your light be our guide.

Prelude to the Seder

We gather together tonight with friends and family to celebrate Passover and to share all the joys of this season of rebirth.

The days, weeks and months have passed and we enter the spring season once again. Though we pass through the same festivals in the same seasons year after year, we move not in a circle, but in a spiral. Unlike the circle that repeats infinitely, the spiral is additive and each time we pass through the same season, it is with spiritual breadth and expansion acquired in the year past. It is our prayer to understand and experience gratitude for the gifts that come with this spiritual expansion.

In the festival of Passover we remember those whose rebirth in this season was freedom from slavery in the land of Egypt. We trace their path of glory from bondage to redemption, from oppression to liberation. Our ancestors in the desert wandered, sometimes lost, sometimes with a clear path, but always in the direction their hearts led them. In following their vision, they met obstacles of every kind, but their trust in the Divine One held them fast to their course and ultimately to the Promised Land.

The Brisker Rav said that the Hebrew month of Nisan did not become the season of freedom because the events of Passover happened in Nisan, but that the events of the Haggadah happened in Nisan because it is the time Divinely ordained for the manifestation of freedom.

The root of the Aramaic word *Mitzrayim* (Egypt) means narrow or constricted. As our ancestors used the time Divinely ordained for freedom to move forth from *Mitzrayim*, we are given the same opportunity each year at this time.

In this season, the earth throws off the constraints of winter and bursts out in new bloom. Rebirth is everywhere and is celebrated through spiritual traditions universally. The Passover Seder relates the story of the Jewish people leaving slavery in Egypt in 1446 B.C.E., their journey through the desert, and their arrival in the Promised Land. We have retold this story of Passover every year since our exodus from *Mitzrayim*.

The Passover Seder is a dynamic meditation on the gift of physical and spiritual liberty. This holiday provides us the opportunity to devote ourselves to rebirth in the joyous company of our loved ones.

"My Beloved called out and said to me: 'Arise My love, My fair one, and go forth. For, lo, the winter is past, the rain is over and gone; the flowers appear on the earth; the time of the singing of birds is come'" (*Psalms 2:10-11, Shir Hashirim/King Solomon's Song of Songs).*

Order of the Passover Seder

1. KADDESH ⚘ SANCTIFICATION OF THE WINE

קַדֵּשׁ

2. URCHATZ ⚘ WASHING OF THE HANDS

וּרְחַץ

3. KARPAS ⚘ EATING OF THE GREENS IN SALT WATER

כַּרְפַּס

4. YACHATZ ⚘ BREAKING MIDDLE PIECE OF MATZAH

יַחַץ

5. MAGGID ⚘ RECITAL OF THE PASSOVER STORY

מַגִּיד

6. RACHTZAH ⚘ WASH THE HANDS BEFORE THE MEAL

רָחְצָה

7. MATZAH ⚘ BLESSING AND EATING THE MATZAH

מוֹצִיא מַצָּה

8\. MAROR ⚘ EATING OF THE BITTER HERB

מָרוֹר

9\. KORECH ⚘ EATING THE BITTER HERB WITH MAROR

כּוֹרֵךְ

10\. SHULCHAN ORECH ⚘ THE PASSOVER MEAL

שֻׁלְחָן עוֹרֵךְ

11\. TZAFUN ⚘ EATING OF THE AFIKOMAN

צָפוּן

12\. BARECH ⚘ GRACE AFTER THE MEAL

בָּרֵךְ

13\. HALLEL ⚘ RECITAL OF HALLEL

הַלֵּל

14\. NIRTZAH ⚘ CONCLUDE THE SEDER

נִרְצָה

The Seder Plate

Kaddesh ⚘ Sanctifying the Wine

קַדֵּשׁ

The passages in brackets are to be included on the Sabbath.

(וַיְהִי עֶרֶב וַיְהִי בֹקֶר יוֹם הַשִּׁשִּׁי: וַיְכֻלּוּ הַשָּׁמַיִם וְהָאָרֶץ וְכָל צְבָאָם: וַיְכַל אֱלֹהִים בַּיּוֹם הַשְּׁבִיעִי מְלַאכְתּוֹ אֲשֶׁר עָשָׂה, וַיִּשְׁבֹּת בַּיּוֹם הַשְּׁבִיעִי מִכָּל מְלַאכְתּוֹ אֲשֶׁר עָשָׂה: וַיְבָרֶךְ אֱלֹהִים אֶת יוֹם הַשְּׁבִיעִי וַיְקַדֵּשׁ אֹתוֹ, כִּי בוֹ שָׁבַת מִכָּל מְלַאכְתּוֹ אֲשֶׁר בָּרָא אֱלֹהִים לַעֲשׂוֹת:)

(And the evening ushered in the morning of the sixth day. Then the heavens and the earth and all they contain were completed. And by the seventh day the work was complete and God rested. And God blessed the seventh day and sanctified it as our Sabbath; our day of rest) (Genesis 1:31–2:3).

בָּרוּךְ אַתָּה יְיָ אֱלֹהֵינוּ מֶלֶךְ הָעוֹלָם בּוֹרֵא פְּרִי הַגָּפֶן

Blessed art Thou, Our One God, Creator of the Universe, Creator of the fruit of the vine.

בָּרוּךְ אַתָּה יְיָ אֱלֹהֵינוּ מֶלֶךְ הָעוֹלָם אֲשֶׁר בָּחַר בָּנוּ מִכָּל עָם וְרוֹמְמָנוּ מִכָּל לָשׁוֹן וְקִדְּשָׁנוּ בְּמִצְוֹתָיו וַתִּתֶּן לָנוּ יְיָ אֱלֹהֵינוּ בְּאַהֲבָה (לשבת שַׁבָּתוֹת לִמְנוּחָה ו) מוֹעֲדִים לְשִׂמְחָה חַגִּים וּזְמַנִּים לְשָׂשׂוֹן אֶת יוֹם (לשבת הַשַּׁבָּת הַזֶּה וְאֶת יוֹם) חַג הַמַּצּוֹת הַזֶּה זְמַן חֵרוּתֵנוּ (לשבת בְּאַהֲבָה) מִקְרָא קֹדֶשׁ זֵכֶר לִיצִיאַת מִצְרָיִם כִּי בָנוּ בָחַרְתָּ וְאוֹתָנוּ קִדַּשְׁתָּ מִכָּל הָעַמִּים (לשבת וְשַׁבָּת) וּמוֹעֲדֵי קָדְשֶׁךָ (לשבת בְּאַהֲבָה) וּבְרָצוֹן בְּשִׂמְחָה וּבְשָׂשׂוֹן הִנְחַלְתָּנוּ. בָּרוּךְ אַתָּה יְיָ מְקַדֵּשׁ (לשבת הַשַּׁבָּת) וְיִשְׂרָאֵל וְהַזְּמַנִּים:

Blessed art Thou, Our One God, Creator of the Universe, Who chose us from among all nations to gift us with the language of the Torah, and to sanctify us with Your commandments. Through Your infinite love You have given us (the Sabbath for rest,) the festivals for joyful celebration, the holy days and the seasons for reflection and gratitude, (this Sabbath day and) this festival of Passover the season of freedom; to gather and remember our Exodus from Egypt. Your choice has fallen upon us, and You have granted us among all peoples (out of Thy love and graciousness) to inherit and carry forward (the Sabbath and) Your holy festivals in happiness and rejoicing. Blessed art Thou, Our One God, who sanctifies (the Sabbath and) all Israel and the festive seasons.

The following is recited when the Seder occurs after the Sabbath.

בָּרוּךְ אַתָּה יְיָ אֱלֹהֵינוּ מֶלֶךְ הָעוֹלָם בּוֹרֵא מְאוֹרֵי הָאֵשׁ:

(Blessed art Thou, Our One god, Creator of the Universe, Creator of the light of fire.)

בָּרוּךְ אַתָּה יְיָ אֱלֹהֵינוּ מֶלֶךְ הָעוֹלָם הַמַּבְדִּיל בֵּין קֹדֶשׁ לְחֹל בֵּין אוֹר לְחֹשֶׁךְ בֵּין יִשְׂרָאֵל לָעַמִּים בֵּין יוֹם הַשְּׁבִיעִי לְשֵׁשֶׁת יְמֵי הַמַּעֲשֶׂה. בֵּין קְדֻשַּׁת שַׁבָּת לִקְדֻשַּׁת יוֹם טוֹב הִבְדַּלְתָּ וְאֶת יוֹם הַשְּׁבִיעִי מִשֵּׁשֶׁת יְמֵי הַמַּעֲשֶׂה קִדַּשְׁתָּ. הִבְדַּלְתָּ וְקִדַּשְׁתָּ אֶת עַמְּךָ יִשְׂרָאֵל בִּקְדֻשָּׁתֶךָ. בָּרוּךְ אַתָּה יְיָ הַמַּבְדִּיל בֵּין קֹדֶשׁ לְקֹדֶשׁ:

Blessed art Thou, Our One god, Creator of the Universe, who distinguishes sacred from profane, light from darkness, Israel from other nations, Sabbath from the workdays. You have made distinctions between the holiness of the Sabbath and the holiness of the festivals, and You have sanctified the seventh day above the six days of labor. You have distinguished and sanctified Israel with Thine own holiness. Blessed art thou, O Lord God, Creator of the Universe, who makes distinctions between the holiness of the Sabbath and the holiness of the festivals.

בָּרוּךְ אַתָּה יְיָ אֱלֹהֵינוּ מֶלֶךְ הָעוֹלָם שֶׁהֶחֱיָנוּ וְקִיְּמָנוּ וְהִגִּיעָנוּ לַזְּמַן הַזֶּה:

Blessed art Thou, Our One God, for giving us life, for sustaining us, and for enabling us to reach this festive season.

Drink the First Cup of wine.

Urchatz ⚘ The first washing of the hands

וּרְחַץ

The prayer for the washing of hands is omitted here.
The prayer will be said when washing the hands again before the meal.

Karpas ⚘ Eating of the greens dipped in salt water

כַּרְפַּס

Just as salt enhances the flavor of food, too much salt makes food inedible. Just as pain can help bring change, too much pain is debilitating. At the Seder, we dip into diluted salt water rather than directly into salt to symbolize our hope that any present-day suffering should not be overwhelming, but rather it should be cathartic, bringing out the best in us. The greens remind us of the promise of spring and rebirth, and the salt water is both stinging and purifying.

בָּרוּךְ אַתָּה יְיָ אֱלֹהֵינוּ מֶלֶךְ הָעוֹלָם בּוֹרֵא פְּרִי הָאֲדָמָה:

Blessed art Thou, Our One God, Creator of the Universe, Creator of the fruit of the earth.

Yachatz ⚘ Breaking and hiding the Afikoman

יַחַץ

The miracle of matzah is before us, yet the process of redemption is not yet fully revealed.

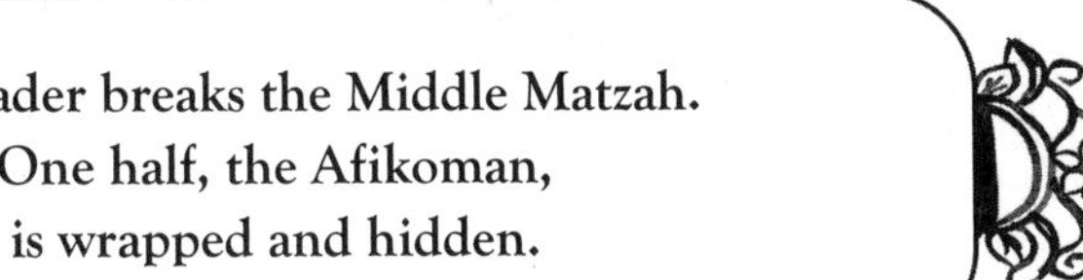

The leader breaks the Middle Matzah.
One half, the Afikoman,
is wrapped and hidden.

MAGGID  RECITAL OF THE PASSOVER STORY

מַגִּיד

The Matzah is lifted and the recital of the Haggadah begins with the following words:

הָא לַחְמָא עַנְיָא דִּי אֲכַלוּ אֲבָהָתַנָא בְּאַרְעָא דְמִצְרָיִם.
כָּל דִּכְפִין יֵיתֵי וְיֵכֻל כָּל-דִּצְרִיךְ יֵיתֵי וְיִפְסַח. הָשַׁתָּא
הָכָא. לַשָּׁנָה הַבָּאָה בְּאַרְעָא דְיִשְׂרָאֵל. הָשַׁתָּא עַבְדֵי.
לַשָּׁנָה הַבָּאָה בְּנֵי חוֹרִין:

This is the bread which our ancestors ate in their exodus from Mitzrayim. All who are hungry shall eat; all who are restricted shall celebrate the season of rebirth. This year finds us here, may the year to come find us in the land of Israel, in our Promised Land; for all who are still enslaved, let next year be their freedom.

The platter is set down and the Second Cup of wine is filled.

The Four Questions
מַה נִּשְׁתַּנָּה

מַה נִּשְׁתַּנָּה הַלַּיְלָה הַזֶּה מִכָּל הַלֵּילוֹת:

שֶׁבְּכָל הַלֵּילוֹת אָנוּ אוֹכְלִין חָמֵץ וּמַצָּה. הַלַּיְלָה הַזֶּה כֻּלּוֹ מַצָּה:

שֶׁבְּכָל הַלֵּילוֹת אָנוּ אוֹכְלִין שְׁאָר יְרָקוֹת. הַלַּיְלָה הַזֶּה מָרוֹר:

שֶׁבְּכָל הַלֵּילוֹת אֵין אָנוּ מַטְבִּילִין אֲפִלּוּ פַּעַם אֶחָת. הַלַּיְלָה הַזֶּה שְׁתֵּי פְעָמִים:

שֶׁבְּכָל הַלֵּילוֹת אָנוּ אוֹכְלִין בֵּין יוֹשְׁבִין וּבֵין מְסֻבִּין. הַלַּיְלָה הַזֶּה כֻּלָּנוּ מְסֻבִּין:

Why is this night different from all other nights?

1. *On all other nights we may eat both leavened and unleavened bread; on this night only unleavened bread.*

2. *On all other nights we eat any herbs; on this night we must eat bitter herbs.*

3. *On all other nights we do not dip our herbs even once; on this night we must dip them twice.*

4. *On all other nights we eat our meals in any manner; on this night we must relax and recline.*

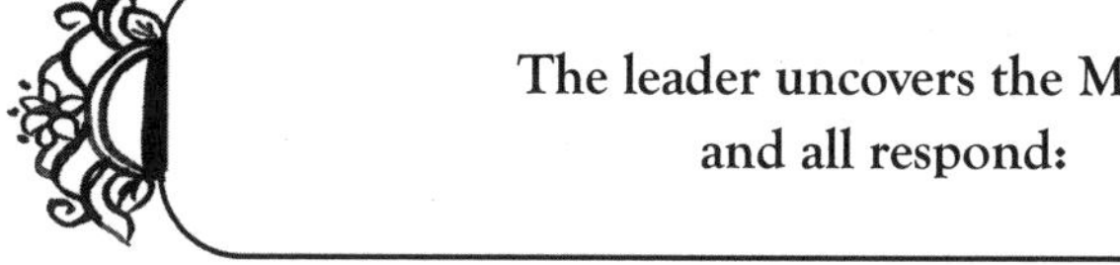

The leader uncovers the Matzah and all respond:

עֲבָדִים הָיִינוּ לְפַרְעֹה בְּמִצְרָיִם, וַיּוֹצִיאֵנוּ יהוה אֱלֹהֵינוּ מִשָּׁם בְּיָד חֲזָקָה וּבִזְרוֹעַ נְטוּיָה. וְאִילוּ לֹא הוֹצִיא הַקָּדוֹשׁ בָּרוּךְ הוּא אֶת אֲבוֹתֵינוּ מִמִּצְרַיִם, הֲרֵי אָנוּ וּבָנֵינוּ וּבְנֵי בָנֵינוּ מְשֻׁעְבָּדִים הָיִינוּ לְפַרְעֹה בְּמִצְרָיִם: וַאֲפִילוּ כֻּלָּנוּ חֲכָמִים, כֻּלָּנוּ נְבוֹנִים, כֻּלָּנוּ זְקֵנִים, כֻּלָּנוּ יוֹדְעִים אֶת הַתּוֹרָה, מִצְוָה עָלֵינוּ לְסַפֵּר בִּיצִיאַת מִצְרָיִם. וְכָל הַמַּרְבֶּה לְסַפֵּר בִּיצִיאַת מִצְרַיִם, הֲרֵי זֶה מְשֻׁבָּח:

We were the slaves of the Pharaoh in Egypt; and the Infinite One took us out with a strong hand and an outstretched arm. And if the All-Present One, blessed Creator, had not brought our ancestors forth from Mitzrayim, then surely we, and our children, and our children's children, would still be enslaved. And even if we are all learned and wise, all elders fully versed in the Torah, we should still be prescribed to repeat once more the story of the exodus from Egypt in order to connect with this opportunity for rebirth.

מַעֲשֶׂה בְּרַבִּי אֱלִיעֶזֶר וְרַבִּי יְהוֹשֻׁעַ וְרַבִּי אֶלְעָזָר בֶּן עֲזַרְיָה וְרַבִּי עֲקִיבָא וְרַבִּי טַרְפוֹן שֶׁהָיוּ מְסֻבִּין בִּבְנֵי בְרַק. וְהָיוּ מְסַפְּרִים בִּיצִיאַת מִצְרַיִם כָּל אוֹתוֹ הַלַּיְלָה. עַד שֶׁבָּאוּ תַלְמִידֵיהֶם וְאָמְרוּ לָהֶם. רַבּוֹתֵינוּ, הִגִּיעַ זְמַן קְרִיאַת שְׁמַע שֶׁל שַׁחֲרִית:

אָמַר רַבִּי אֶלְעָזָר בֶּן עֲזַרְיָה הֲרֵי אֲנִי כְּבֶן שִׁבְעִים שָׁנָה, וְלֹא זָכִיתִי שֶׁתֵּאָמֵר יְצִיאַת מִצְרַיִם בַּלֵּילוֹת עַד שֶׁדְּרָשָׁהּ בֶּן זוֹמָא, שֶׁנֶּאֱמַר לְמַעַן תִּזְכֹּר אֶת יוֹם צֵאתְךָ מֵאֶרֶץ מִצְרַיִם כֹּל יְמֵי חַיֶּיךָ. יְמֵי חַיֶּיךָ הַיָּמִים, כֹּל יְמֵי חַיֶּיךָ הַלֵּילוֹת. וַחֲכָמִים אוֹמְרִים יְמֵי חַיֶּיךָ הָעוֹלָם הַזֶּה, כֹּל יְמֵי חַיֶּיךָ לְהָבִיא לִימוֹת הַמָּשִׁיחַ:

"You shall remember the days of going forth from Egypt all the days and all the nights of your life" (*Deuteronomy 16:3*). The Kabbalists tell us that as we seek to understand and move towards true spiritual freedom, "going forth from Egypt" is a continual process throughout all the days and nights of all lifetimes.

Rabbi Elazar, Ben Zoma and their contemporaries of the 2nd century, sat together throughout the entire Passover night into the next morning discussing all possible meanings of the liberation from *Mitzrayim*. They discussed and interpreted the Haggadah and the story of the exodus. As the night wore on, they began to discuss their own hopes and plans for the liberation of Judea and the Holy Temple from the Roman empire in their time.

In 1940, Chassidic Rabbi Azriel Fastag from Modzitz, Poland, was en route to Treblinka, imprisoned in the cattle car of a train. He was asked by a fellow passenger for words of hope. ANI MA'AMIN, one of the principles of the Jewish faith, filled his thoughts. He began to sing and the other passengers joined him.

"I believe in the coming of the Messiah, and though the Messiah may tarry, still I believe." The Warsaw Ghetto Uprising began on the first night of Passover 1943. We pray for those who perished from forces of oppression in the Holocaust, and for those who struggle today from oppressive forces both external and within.

ANI MA'AMIN - I BELIEVE

אֲנִי מַאֲמִין בֶּאֱמוּנָה שְׁלֵמָה
בְּבִיאַת הַמָּשִׁיחַ,
וְאַף עַל פִּי שֶׁיִּתְמַהְמֵהַּ,
עִם כָּל זֶה אֲחַכֶּה לּוֹ בְּכָל יוֹם שֶׁיָּבוֹא.

I believe with complete faith
In the coming of the Messiah
And even though the Messiah may tarry
Nonetheless I will wait

Ani ma'amin, ani ma'amin, ani ma'amin
be'emuna shelema, be'viat haMashiach,
be'viat haMashiach, ani ma'amin.

The Sages declare that we should bring forward the experience and energy of true spiritual freedom in order to reach the Days of the Messiah.

בָּרוּךְ הַמָּקוֹם, בָּרוּךְ הוּא. בָּרוּךְ שֶׁנָּתַן תּוֹרָה לְעַמּוֹ
יִשְׂרָאֵל, בָּרוּךְ הוּא.

Blessed be the All-Present,
Blessed is the One God
who gave the Torah to the people of Israel.

"I will take you from under the burdens of the Egyptians. I will redeem you with an outstretched arm and provide you with judgement balanced with mercy. I will take you to me as a people and you will know I am your God. I will bring you to the land which I promised to Abraham, Isaac and Jacob and give it to you as your heritage" *(Exodus 6:6-8).*

כְּנֶגֶד אַרְבָּעָה בָנִים דִּבְּרָה תוֹרָה: אֶחָד חָכָם, וְאֶחָד רָשָׁע, וְאֶחָד תָּם, וְאֶחָד שֶׁאֵינוֹ יוֹדֵעַ לִשְׁאוֹל:

חָכָם מָה הוּא אוֹמֵר: מָה הָעֵדֹת וְהַחֻקִּים וְהַמִּשְׁפָּטִים אֲשֶׁר צִוָּה יְהֹוָה אֱלֹהֵינוּ אֶתְכֶם. וְאַף אַתָּה אֱמָר לוֹ כְּהִלְכוֹת הַפֶּסַח, אֵין מַפְטִירִין אַחַר הַפֶּסַח אֲפִיקוֹמָן:

רָשָׁע מָה הוּא אוֹמֵר: מָה הָעֲבֹדָה הַזֹּאת לָכֶם. לָכֶם וְלֹא לוֹ. וּלְפִי שֶׁהוֹצִיא אֶת עַצְמוֹ מִן הַכְּלָל כָּפַר בְּעִקָּר, וְאַף אַתָּה הַקְהֵה אֶת שִׁנָּיו וֶאֱמָר לוֹ, בַּעֲבוּר זֶה עָשָׂה יהוה לִי בְּצֵאתִי מִמִּצְרָיִם: לִי וְלֹא לוֹ. אִלּוּ הָיָה שָׁם לֹא הָיָה נִגְאָל:

תָּם מָה הוּא אוֹמֵר: מַה זֹּאת. וְאָמַרְתָּ אֵלָיו בְּחֹזֶק יָד הוֹצִיאָנוּ יְהֹוָה מִמִּצְרַיִם מִבֵּית עֲבָדִים:

וְשֶׁאֵינוֹ יוֹדֵעַ לִשְׁאוֹל אַתְּ פְּתַח לוֹ, שֶׁנֶּאֱמַר, וְהִגַּדְתָּ לְבִנְךָ בַּיּוֹם הַהוּא לֵאמֹר בַּעֲבוּר זֶה עָשָׂה יְהֹוָה לִי בְּצֵאתִי מִמִּצְרָיִם:

The Torah speaks of four children which we understand as four levels of questioning:

The WISE *questions are asked in search of essence and meaning.*

The CONTRARY *questions are asked with judgement and exclusion of self.*

The SIMPLE *questions are asked in search of the tangible and elementary answers.*

The UNASKED *questions are those that are yet to be spoken.*

Four questions, four cups of wine,
four times a promise from God for freedom.

מִתְּחִלָּה עוֹבְדֵי עֲבוֹדָה זָרָה הָיוּ אֲבוֹתֵינוּ, וְעַכְשָׁו קֵרְבָנוּ הַמָּקוֹם לַעֲבוֹדָתוֹ. שֶׁנֶּאֱמַר, וַיֹּאמֶר יְהוֹשֻׁעַ אֶל כָּל הָעָם כֹּה אָמַר יְיָ אֱהֵי יִשְׂרָאֵל בְּעֵבֶר הַנָּהָר יָשְׁבוּ אֲבוֹתֵיכֶם מֵעוֹלָם, תֶּרַח אֲבִי אַבְרָהָם וַאֲבִי נָחוֹר וַיַּעַבְדוּ אֱהִים אֲחֵרִים. וָאֶקַּח אֶת אֲבִיכֶם אֶת אַבְרָהָם מֵעֵבֶר הַנָּהָר וָאוֹלֵךְ אוֹתוֹ בְּכָל אֶרֶץ כְּנָעַן וָאַרְבֶּה אֶת זַרְעוֹ וָאֶתֵּן לוֹ אֶת יִצְחָק. וָאֶתֵּן לְיִצְחָק אֶת יַעֲקֹב וְאֶת עֵשָׂו וָאֶתֵּן לְעֵשָׂו אֶת הַר שֵׂעִיר לָרֶשֶׁת אוֹתוֹ וְיַעֲקֹב וּבָנָיו יָרְדוּ מִצְרָיִם:

In earliest times our ancestors were idol worshippers; but the Creator gifted us with an unobstructed path to the Infinite One. We read in the Torah: "Thus saith the Lord God of Israel: from time immemorial your fathers lived beyond the river Euphrates, even Terah, the father of Abraham and of Nahor, and they worshipped idols. And I took Abraham from beyond the river, and I guided his footsteps throughout the land of Canaan. I multiplied his offspring, and I gave him Isaac. And to Isaac I gave Jacob and Esau, and I set apart Mount Seir as the inheritance of Esau, while Jacob and his sons went down into Egypt" (Joshua 24:2-4).

בָּרוּךְ שׁוֹמֵר הַבְטָחָתוֹ לְיִשְׂרָאֵל, בָּרוּךְ הוּא. שֶׁהַקָּדוֹשׁ בָּרוּךְ הוּא חִשַּׁב אֶת הַקֵּץ, לַעֲשׂוֹת כְּמָה שֶׁאָמַר לְאַבְרָהָם אָבִינוּ בִּבְרִית בֵּין הַבְּתָרִים, שֶׁנֶּאֱמַר, וַיֹּאמֶר לְאַבְרָם יָדֹעַ תֵּדַע כִּי גֵר יִהְיֶה זַרְעֲךָ בְּאֶרֶץ לֹא לָהֶם וַעֲבָדוּם וְעִנּוּ אֹתָם אַרְבַּע מֵאוֹת שָׁנָה: וְגַם אֶת הַגּוֹי אֲשֶׁר יַעֲבֹדוּ דָּן אָנֹכִי, וְאַחֲרֵי כֵן יֵצְאוּ בִּרְכֻשׁ גָּדוֹל:

Blessed be Our One God who abides by His promise to Israel, Blessed be the Infinite One who set a term to our bondage, fulfilling the word given to our father Abraham in the solemn covenant of the Divided Sacrifice. For God said to him, "Know beyond doubt that your offspring shall be strangers in a strange land; for four hundred years they shall serve and suffer. But in the end there will be merciful judgement on the oppressors, and your offspring shall leave with great rewards" (Genesis 15:13-14).

The Passover starts on the 15th day of Nisan, the full moon. Kabbalistically, it is understood that this is the time in which the strongest celestial energy is available for the manifestion of freedom. The story of our exodus from *Mitzrayim* expresses the potential of that energy.

Kabbalistic Tree of Life
עץ חיים

The Kabbalistic Tree of Life illuminates the concept of conscious and unconscious energies (sephirot):

Understanding balanced with Wisdom

Strength and Discipline balanced with Loving Kindness

Endurance balanced with Acceptance

We are elevated closer to the Divine One
when awareness and manifestation of
these sephirot emanate in harmony.

"The Torah is a Tree of Life for those who grasp it,
and those who draw near it are blessed" (*Psalms, 3:18*).

The Matzah is covered.
We lift our wine glasses and recite:

וְהִיא שֶׁעָמְדָה לַאֲבוֹתֵינוּ וְלָנוּ שֶׁלֹּא אֶחָד בִּלְבָד עָמַד עָלֵינוּ לְכַלּוֹתֵנוּ אֶלָּא שֶׁבְּכָל דּוֹר וָדוֹר עוֹמְדִים עָלֵינוּ לְכַלּוֹתֵנוּ וְהַקָּדוֹשׁ בָּרוּךְ הוּא מַצִּילֵנוּ מִיָּדָם:

This is the promise that sustained our ancestors and sustains us now. In every generation there are those who rise up against us and seek to annihilate us. But the Infinite One, Blessed Eternal God, sustains us and we raise our voices in gratitude.

V'hi she'amda v'hi she'amda
lavoteinu v'lanu
V'hi she'amda v'hi she'amda
lavoteinu v'lanu
Shelo echad bil'vad
amad aleinu l'chaloteinu
Shelo echad bil'vad
amad aleinu l'chaloteinu
Ela shebachol dor v'dor
amdim aleinu l'chaloteinu
V'hakadosh baruch chu matzi leinu miyodom.
V'hakadosh baruch chu matzi leinu miyodom.

We set down our wine glasses
and the Matzah is uncovered.

Though the enslavement in Egypt was a period of great suffering, the Torah refers to this time as a "purifying crucible" *(Deuteronomy 4:20)* which forged a nation strong enough to withstand oppression, crusading persecution, inquisition and expulsion, pogrom and holocaust.

Deuteronomy is the fifth book of the Torah. There are two Hebrew names for Deuteronomy: "Sefer Devarim" which means "Book of Words" and "Mishneh Torah" meaning "Repetition of the Torah". Two of the dominant themes of Deuteronomy are the importance of recognizing and embracing the greater purpose of all events, and giving gratitude to a higher force for the good as well as the challenging in our lives. The Talmud dictates that we should be grateful to God for the good that happens just as for the bad, because everything that emanates from God is for our ultimate spiritual good. "When all that you have is multiplied, do not exalt yourself, forgetting the Infinite One God who brought you out of the land of Egypt, out of the house of slavery" (*Deuteronomy 8:11-14*). Repetition of the words of the Torah help us to understand the greater purpose of all events, uplifted by a state of gratitude.

צֵא וּלְמַד מַה בִּקֵּשׁ לָבָן הָאֲרַמִּי לַעֲשׂוֹת לְיַעֲקֹב אָבִינוּ,
שֶׁפַּרְעֹה לֹא גָזַר אֶלָּא עַל הַזְּכָרִים, וְלָבָן בִּקֵּשׁ לַעֲקוֹר
אֶת הַכֹּל. שֶׁנֶּאֱמַר אֲרַמִּי אֹבֵד אָבִי וַיֵּרֶד מִצְרַיְמָה וַיָּגָר
שָׁם בִּמְתֵי מְעָט, וַיְהִי שָׁם לְגוֹי גָּדוֹל עָצוּם וָרָב. וַיֵּרֶד
מִצְרַיְמָה – אָנוּס עַל פִּי הַדִּבּוּר. וַיָּגָר שָׁם, מְלַמֵּד שֶׁלֹּא
יָרַד יַעֲקֹב אָבִינוּ לְהִשְׁתַּקֵּעַ בְּמִצְרַיִם אֶלָּא לָגוּר שָׁם,
שֶׁנֶּאֱמַר, וַיֹּאמְרוּ אֶל פַּרְעֹה לָגוּר בָּאָרֶץ בָּאנוּ, כִּי אֵין
מִרְעֶה לַצֹּאן אֲשֶׁר לַעֲבָדֶיךָ, כִּי כָבֵד הָרָעָב בְּאֶרֶץ כְּנָעַן,
וְעַתָּה יֵשְׁבוּ נָא עֲבָדֶיךָ בְּאֶרֶץ גֹּשֶׁן:

בִּמְתֵי מְעָט, כְּמָה שֶׁנֶּאֱמַר, בְּשִׁבְעִים נֶפֶשׁ יָרְדוּ
אֲבֹתֶיךָ מִצְרָיְמָה, וְעַתָּה שָׂמְךָ יהוה אֱלֹהֶיךָ כְּכוֹכְבֵי
הַשָּׁמַיִם לָרֹב: וַיְהִי שָׁם לְגוֹי – מְלַמֵּד שֶׁהָיוּ יִשְׂרָאֵל
מְצֻיָּנִים שָׁם. גָּדוֹל עָצוּם, כְּמָה שֶׁנֶּאֱמַר, וּבְנֵי יִשְׂרָאֵל
פָּרוּ וַיִּשְׁרְצוּ וַיִּרְבּוּ וַיַּעַצְמוּ בִּמְאֹד מְאֹד וַתִּמָּלֵא הָאָרֶץ
אֹתָם: וָרָב, כְּמָה שֶׁנֶּאֱמַר, רְבָבָה כְּצֶמַח הַשָּׂדֶה נְתַתִּיךְ,
וַתִּרְבִּי וַתִּגְדְּלִי וַתָּבֹאִי בַּעֲדִי עֲדָיִים, שָׁדַיִם נָכֹנוּ וּשְׂעָרֵךְ
צִמֵּחַ וְאַתְּ עֵרֹם וְעֶרְיָה: וָאֶעֱבֹר עָלַיִךְ וָאֶרְאֵךְ מִתְבּוֹסֶסֶת
בְּדָמָיִךְ, וָאֹמַר לָךְ בְּדָמַיִךְ חֲיִי, וָאֹמַר לָךְ בְּדָמַיִךְ חֲיִי:

The story of Passover can be illuminated by imagining the voices of those who participated in the journey.

ABRAHAM:

I was born in the land of Ur Kasdim and lived a simple life until one day I heard the voice of God calling me to leave. I took my wife Sarah, my nephew Lot and all my animals and belongings and traveled to a place called Canaan; the land of Israel. One night I heard the voice of God once more, and this time I heard: "Abraham, look at the stars in the sky. That's how many people will be in your family in the generations to come" (*Genesis 15:5*). I soon had a son named Isaac and he had a son named Jacob who had 13 children. A famine began in Canaan and there was no food for Jacob and his children. Jacob knew that he would have to migrate to abundant lands for his family to survive, and he knew that the fields of Egypt were abundant. "Jacob descended into Mitzrayim and sojourned there with few people, and there he became a great nation, mighty and numerous" (*Deuteronomy 26:5*). Though Jacob and his family intended to stay in Egypt temporarily, his destiny was greater than the intended stopover.

JACOB:

I heard the voice of God call me: "Do not be afraid to go down to Egypt, for I will go with you, and I will surely bring you back again" (*Genesis 46: 3-4*). Before travelling to Egypt, I married and had many children. My father-in-law, Laban, was an idol-worshipper, but I prayed to One God. I had many sons including Joseph. Joseph's brothers were jealous of his strengths and sold him as a slave to a Midianite who sold him to an Egyptian. Because of Joseph's wisdom, he was brought before the Pharoah to interpret the royal dreams. By following Joseph's advice, Egypt was prevented from falling into famine. The Pharoah made Joseph his Vizier, the highest advisor in the Pharoah's court. The Pharaoh invited Joseph's family to live in Egypt permanently.

JOSEPH:

"With seventy souls we went down to Egypt, and now God has made us as numerous as the stars of heaven" (*Deuteronomy 10:22*). Things were good for my family while I served as Vizier to the Pharoah. But when he died, the new Pharoah was malevolent and was afraid of my people. "The Egyptians did evil to us. They oppressed us and laid heavy labors upon us" (*Deuteronomy 26:6*). "Come" said the Egyptians, "Let us outwit them, lest they grow in numbers and become as our enemies and fight against us, and thus leave our land. So they oppressed us and placed slavemasters over us to build the cities of Pisom and Ramses" (*Exodus 1:10-11*). Life was made unbearable for my people.

MIRIAM:

"But even with the heavy handed labor afflicted upon us, we did multiply and gain strength, and the Pharoah was enraged. And he ordered all the first born sons of the Israelites to be put to death" (*Exodus 1:12-16*). My mother Yocheved had a baby boy, and she knew of the Egyptian decree. "When she saw that her baby was a son, she hid him for three months. But when she could hide him no longer, she prepared a papyrus basket for him, coated with tar and pitch. Then she placed the child in it and we put the basket among the reeds along the bank of the Nile River" *(Exodus2:1-3)*. We hid among the reeds, and when the Pharoah's daughter found my baby brother in the basket, she saw us in the reeds, and asked us to find someone to nurse the baby. My mother agreed, and our prayers were answered. The Pharoah's daughter brought the baby to the Pharoah to raise as their own. They named him Moses and he led a safe and comfortable life but felt separate from the others in the palace. He could not bear to see how the slaves were treated. Moses ran away to Midian, became a shepherd and married Tzipora. One day, chasing after a stray lamb, he climbed to the top of Mount Horeb and there, to his amazement, he saw a burning bush and heard the voice of God.

MOSES:

My people suffered and were tortured in Egypt. "And we cried unto the Lord God of our fathers and God heard our voice and saw our affliction and our travail" (*Deuteronomy 26:7*). "God remembered the Divine covenant with Abraham, Isaac and Jacob. And He saw our suffering. God saw the children of Israel and God knew" (*Exodus 2:24-25*). And when I heard the voice of God on Mount Horeb I was told: "I have indeed seen the misery of my people in Egypt. So I have come down to rescue them from the hand of the Egyptians and to bring them up out of that land into a good and spacious land, a land flowing with milk and honey. I have heard their cry and seen their oppression. So now, go. I am sending you to Pharoah to bring my people the Israelites out of Egypt" (*Exodus 3:8-10*).

TZIPORA:

My husband Moses wanted to be sure that he could carry out the decree of God and he asked: "What if they do not believe me and say, The Lord did not appear to you?" Then the Lord said, "What is that in your hand?" "A staff", Moses replied. The Lord said, "Throw it on the ground." He threw it on the ground and it became a snake, and he ran from it. Then the Lord said, "Reach out your hand and take it by the tail." So Moses reached out and took hold of the snake and it turned back into a staff in his hand. "This," said the Lord, "is so that they may believe that the Lord, the God of their fathers - the God of Abraham, the God of Isaac and the God of Jacob - has appeared to you" (*Exodus 4:1-5*). So Moses came for me and for our sons, and we returned to Egypt. And Moses took the staff of God in his hand. And on the way, we met Aaron, the brother of Moses. And Moses relayed everything the Lord commanded and together they went to the Pharoah and asked him to let our people go. But the Pharoah responded by working the slaves harder and making their lives more difficult. So they did as the Lord commanded.

AARON:

I threw down the staff and it turned into a snake. "Pharoah summoned wise men and sorcerers, and each one threw down his staff and it became a snake. But Aaron's staff swallowed up their staffs" (*Exodus 7:11-12*). And God followed with ten plagues until the Pharoah relented. And God drew us forth from Egypt with a mighty hand, with an outstretched arm and with great awe, with signs and portents. "God led the people by way of the desert to the Red Sea" (*Exodus 10:18*). "And when the Pharoah knew that the people had fled he took six hundred chariots and the Egyptians chased after the children of Israel" (*Exodus 14:8*). God placed a pillar of smoke and fire between the chariots and the children of Israel. "And Moses stretched out his hand over the sea, and the Lord led the sea with a strong east wind all night and made the sea into dry land and the waters split. Then the children of Israel came into the midst of the sea on dry land, and the waters were to them as a wall from their right and from their left" (*Exodus 14:21-22*).

Drops of wine are removed from our cups for each sign:

דָּם וָאֵשׁ וְתִימְרוֹת עָשָׁן

Blood, Fire, Pillars of Smoke.

Although we celebrate our independance, in remembrance of the suffering of those who transgress we diminish the abundance of our own wine cups. "You shall love your neighbor as yourself" (*Leviticus 19:18*).

Drops of wine are removed from our cups for each of the ten plagues:

דָּם, צְפַרְדֵּעַ, כִּנִּים, עָרוֹב, דֶּבֶר, שְׁחִין, בָּרָד,
אַרְבֶּה, חוֹשֶׁךְ, מַכַּת בְּכוֹרוֹת:

1. Blood 2. Frogs 3. Lice 4. Beasts 5. Pestilence 6. Boils
7. Hail 8. Locusts 9. Darkness 10. Slaying of the First-Born.

Midrashic legend states that this reminder of the signs and portents was engraved on the staff of Moses.

דְּצַ"ךְ, עֲדַ"שׁ, בְּאַחַ"ב:

The Kabbalists speak of Tikkun Olam as the opportunity to repair what is broken; to pursue spiritual growth through acts of kindness and gratitude in alignment with the Divine One. Let us seek understanding for all that we experience. Let us remain united in our pursuit of Tikkun Olam, and let us recognize the gifts that come when we follow our divine truth.

"Then the Lord said to Moses, "Droplets of bread will drift down from heaven and will sustain you." The people of Israel called the bread manna. It was white like coriander seed and tasted like wafers of honey" (*Exodus 16:4*).

Dayenu

כַּמָּה מַעֲלוֹת טוֹבוֹת לַמָּקוֹם עָלֵינוּ:

אִלּוּ הוֹצִיאָנוּ מִמִּצְרַיִם וְלֹא עָשָׂה בָהֶם שְׁפָטִים, דַּיֵּנוּ.

אִלּוּ עָשָׂה בָהֶם שְׁפָטִים וְלֹא עָשָׂה בֵאלֹהֵיהֶם, דַּיֵּנוּ.

אִלּוּ עָשָׂה בֵאלֹהֵיהֶם וְלֹא הָרַג אֶת בְּכוֹרֵיהֶם, דַּיֵּנוּ.

אִלּוּ הָרַג אֶת בְּכוֹרֵיהֶם וְלֹא נָתַן לָנוּ אֶת מָמוֹנָם, דַּיֵּנוּ.

אִלּוּ נָתַן לָנוּ אֶת מָמוֹנָם וְלֹא קָרַע לָנוּ אֶת הַיָּם, דַּיֵּנוּ.

אִלּוּ קָרַע לָנוּ אֶת הַיָּם וְלֹא הֶעֱבִירָנוּ בְתוֹכוֹ בֶּחָרָבָה, דַּיֵּנוּ.

אִלּוּ הֶעֱבִירָנוּ בְתוֹכוֹ בֶּחָרָבָה וְלֹא שִׁקַּע צָרֵינוּ בְּתוֹכוֹ, דַּיֵּנוּ.

אִלּוּ שִׁקַּע צָרֵינוּ בְּתוֹכוֹ וְלֹא סִפֵּק צָרְכֵּנוּ בַּמִּדְבָּר אַרְבָּעִים שָׁנָה, דַּיֵּנוּ.

אִלּוּ סִפֵּק צָרְכֵּנוּ בַּמִּדְבָּר אַרְבָּעִים שָׁנָה וְלֹא הֶאֱכִילָנוּ אֶת הַמָּן, דַּיֵּנוּ.

אִלּוּ הֶאֱכִילָנוּ אֶת הַמָּן וְלֹא נָתַן לָנוּ אֶת הַשַּׁבָּת, דַּיֵּנוּ.

אִלּוּ נָתַן לָנוּ אֶת הַשַּׁבָּת וְלֹא קֵרְבָנוּ לִפְנֵי הַר סִינַי, דַּיֵּנוּ.

אִלּוּ קֵרְבָנוּ לִפְנֵי הַר סִינַי וְלֹא נָתַן לָנוּ אֶת הַתּוֹרָה, דַּיֵּנוּ.

אִלּוּ נָתַן לָנוּ אֶת הַתּוֹרָה וְלֹא הִכְנִיסָנוּ לְאֶרֶץ יִשְׂרָאֵל, דַּיֵּנוּ.

אִלּוּ הִכְנִיסָנוּ לְאֶרֶץ יִשְׂרָאֵל וְלֹא בָנָה לָנוּ אֶת בֵּית הַבְּחִירָה, דַּיֵּנוּ.

עַל אַחַת כַּמָּה וְכַמָּה טוֹבָה כְּפוּלָה וּמְכוּפֶּלֶת לַמָּקוֹם עָלֵינוּ, שֶׁהוֹצִיאָנוּ מִמִּצְרַיִם, וְעָשָׂה בָהֶם שְׁפָטִים, וְעָשָׂה בֵאלֹהֵיהֶם, וְהָרַג אֶת בְּכוֹרֵיהֶם, וְנָתַן לָנוּ אֶת מָמוֹנָם, וְקָרַע לָנוּ אֶת הַיָּם, וְהֶעֱבִירָנוּ בְתוֹכוֹ בֶּחָרָבָה, וְשִׁקַּע צָרֵינוּ בְּתוֹכוֹ, וְסִפֵּק צָרְכֵּנוּ בַּמִּדְבָּר אַרְבָּעִים שָׁנָה, וְהֶאֱכִילָנוּ אֶת הַמָּן, וְנָתַן לָנוּ אֶת הַשַּׁבָּת, וְקֵרְבָנוּ לִפְנֵי הַר סִינַי, וְנָתַן לָנוּ אֶת הַתּוֹרָה, וְהִכְנִיסָנוּ לְאֶרֶץ יִשְׂרָאֵל, וּבָנָה לָנוּ אֶת בֵּית הַבְּחִירָה לְכַפֵּר עַל כָּל עֲוֹנוֹתֵינוּ:

Each of these gifts would have been enough for our gratitude!

Had he taken us out of Mitzrayim without carrying out judgments against the Egyptians DAYENU

Had he carried out judgments against the Egyptians without vanquishing their gods DAYENU

Had He vanquished their gods without slaying their firstborn DAYENU

Had He slain their firstborn without giving us abundance DAYENU

Had He given us abundance without dividing the sea for us DAYENU

Had He led us across on dry land without vanquishing our oppressors DAYENU

Had He vanquished our oppressors in the sea without taking care of us for 40 years in the desert DAYENU

Had He taken care of us for 40 years in the desert without feeding us manna DAYENU

Had He fed us manna without giving us Shabbat DAYENU

Had He given us Shabbat without bringing us to Mount Sinai DAYENU

Had He brought us to Mount Sinai without giving us the Torah DAYENU

Had He given us the Torah without leading us to the Land of Israel DAYENU

Had He led us to the Land of Israel without building the Temple for us DAYENU

We are grateful for each hour, for each day, for all that we have and all that we are.

Again and again, in double and redoubled measure, we are thankful to God the Infinite One for taking us out of the confinement of *Mitzrayim* and leading us to the enlightenment of the Torah, the glory of the promised land and the grace of the temple. Despite the steps that appear to be trials, we understand them to be necessary stages of our journey to spiritual freedom. "By thanking God for the day that has passed, I merit His blessing for the day that is to come."

"Then Miriam took a timbrel in her hand, and all the women went out with her with timbrels and with dancing. Sing to the Lord, for the Infinite One has triumphed" (*Exodus 15:20*).

The following must be explained to fulfill the duty of the Passover Seder:

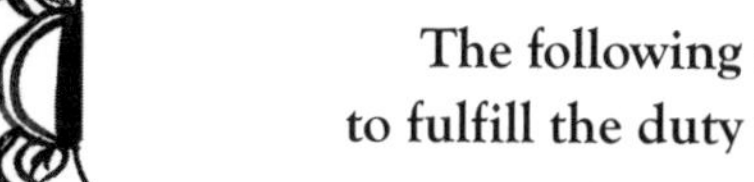

פֶּסַח שֶׁהָיוּ אֲבוֹתֵינוּ אוֹכְלִים בִּזְמַן שֶׁבֵּית הַמִּקְדָּשׁ הָיָה קַיָּם, עַל שׁוּם מָה. עַל שׁוּם שֶׁפָּסַח הַקָּדוֹשׁ בָּרוּךְ הוּא עַל בָּתֵּי אֲבוֹתֵינוּ בְּמִצְרַיִם. שֶׁנֶּאֱמַר, וַאֲמַרְתֶּם זֶבַח פֶּסַח הוּא לַיהוָה אֲשֶׁר פָּסַח עַל בָּתֵּי בְנֵי יִשְׂרָאֵל בְּמִצְרַיִם בְּנָגְפּוֹ אֶת מִצְרַיִם וְאֶת בָּתֵּינוּ הִצִּיל וַיִּקֹּד הָעָם וַיִּשְׁתַּחֲווּ:

מַצָּה זוֹ שֶׁאָנוּ אוֹכְלִים עַל שׁוּם מָה. עַל שׁוּם שֶׁלֹּא הִסְפִּיק בְּצֵקָם שֶׁל אֲבוֹתֵינוּ לְהַחֲמִיץ, עַד שֶׁנִּגְלָה עֲלֵיהֶם מֶלֶךְ מַלְכֵי הַמְּלָכִים הַקָּדוֹשׁ בָּרוּךְ הוּא וּגְאָלָם, שֶׁנֶּאֱמַר, וַיֹּאפוּ אֶת הַבָּצֵק אֲשֶׁר הוֹצִיאוּ מִמִּצְרַיִם עֻגֹת מַצּוֹת כִּי לֹא חָמֵץ, כִּי גֹרְשׁוּ מִמִּצְרַיִם וְלֹא יָכְלוּ לְהִתְמַהְמֵהַּ וְגַם צֵדָה לֹא עָשׂוּ לָהֶם:

מָרוֹר זֶה שֶׁאָנוּ אוֹכְלִים עַל שׁוּם מָה. עַל שׁוּם שֶׁמֵּרְרוּ הַמִּצְרִים אֶת חַיֵּי אֲבוֹתֵינוּ בְּמִצְרַיִם, שֶׁנֶּאֱמַר, וַיְמָרְרוּ אֶת חַיֵּיהֶם בַּעֲבֹדָה קָשָׁה בְּחֹמֶר וּבִלְבֵנִים וּבְכָל עֲבֹדָה בַּשָּׂדֶה, אֵת כָּל עֲבֹדָתָם אֲשֶׁר עָבְדוּ בָהֶם בְּפָרֶךְ:

The **PESACH**, *this shank bone, reminds us that God "Passed Over" the homes of the Israelites and spared them from the plagues.*

The **MATZAH** *reminds us that no fermenting agent could be brought forward out of Egypt.*

The **MAROR** *reminds us of the bitterness of enslavement and the mortar used in the enslaved labor of the Israelites.*

בְּכָל דּוֹר וָדוֹר חַיָּב אָדָם לִרְאוֹת אֶת עַצְמוֹ כְּאִלּוּ הוּא יָצָא מִמִּצְרָיִם. שֶׁנֶּאֱמַר, וְהִגַּדְתָּ לְבִנְךָ בַּיּוֹם הַהוּא לֵאמֹר בַּעֲבוּר זֶה עָשָׂה יְהֹוָה לִי בְּצֵאתִי מִמִּצְרָיִם. לֹא אֶת אֲבוֹתֵינוּ בִּלְבָד גָּאַל הַקָּדוֹשׁ בָּרוּךְ הוּא, אֶלָּא אַף אוֹתָנוּ גָּאַל עִמָּהֶם. שֶׁנֶּאֱמַר, וְאוֹתָנוּ הוֹצִיא מִשָּׁם, לְמַעַן הָבִיא אוֹתָנוּ לָתֶת לָנוּ אֶת הָאָרֶץ אֲשֶׁר נִשְׁבַּע לַאֲבוֹתֵינוּ:

For in every generation, we must each think of ourselves as having gone forth from Egypt. For we read in the Torah: "In that day thou shalt teach thy children, saying: All this is because of what God did for us when we went forth from Mitzrayim" (Exodus 13:8). It was not only our ancestors that the Divine One redeemed; but us too, the living. Our One God, All Present Creator, brought us out from thence in order to bring us home, and give us the land which the Divine One pledged to our forefathers.

The wine cup is raised.

Psalms of Praise.

לְפִיכָךְ אֲנַחְנוּ חַיָּבִים לְהוֹדוֹת לְהַלֵּל לְשַׁבֵּחַ לְפָאֵר לְרוֹמֵם לְהַדֵּר לְבָרֵךְ לְעַלֵּה וּלְקַלֵּס לְמִי שֶׁעָשָׂה לַאֲבוֹתֵינוּ וְלָנוּ אֶת כָּל הַנִּסִּים הָאֵלֶּה. הוֹצִיאָנוּ מֵעַבְדוּת לְחֵרוּת, מִיָּגוֹן לְשִׂמְחָה, מֵאֵבֶל לְיוֹם טוֹב, וּמֵאֲפֵלָה לְאוֹר גָּדוֹל, וּמִשִּׁעְבּוּד לִגְאֻלָּה, וְנֹאמַר לְפָנָיו שִׁירָה חֲדָשָׁה הַלְלוּיָהּ:

Therefore it is our duty to thank, praise, pay tribute, glorify, exalt, honor, bless, extol, and acclaim the Infinite One who performed all these miracles for our ancestors and for us. For bringing us forth from slavery to freedom, from grief to joy, from mourning to festivity, from darkness to great light, and from servitude to redemption "I will lift up the cup of salvation and call on the name of the Lord. I will fulfil my duty to the Lord in the presence of all people" (Psalm 116).

The wine cup is set down.

הַלְלוּיָהּ, הַלְלוּ עַבְדֵי יהוה, הַלְלוּ אֶת שֵׁם יהוה: יְהִי שֵׁם יהוה מְבֹרָךְ, מֵעַתָּה וְעַד עוֹלָם: מִמִּזְרַח שֶׁמֶשׁ עַד מְבוֹאוֹ, מְהֻלָּל שֵׁם יהוה: רָם עַל כָּל גּוֹיִם יהוה, עַל הַשָּׁמַיִם כְּבוֹדוֹ: מִי כַּיהוה אֱלֹהֵינוּ, הַמַּגְבִּיהִי לָשָׁבֶת: הַמַּשְׁפִּילִי לִרְאוֹת, בַּשָּׁמַיִם וּבָאָרֶץ: מְקִימִי מֵעָפָר דָּל, מֵאַשְׁפֹּת יָרִים אֶבְיוֹן: לְהוֹשִׁיבִי עִם נְדִיבִים, עִם נְדִיבֵי עַמּוֹ: מוֹשִׁיבִי עֲקֶרֶת הַבַּיִת, אֵם הַבָּנִים שְׂמֵחָה, הַלְלוּיָהּ:

Let us, therefore, recite a new song before Him! Halleluyah! Praise God. Sing praises, servants of Our One God. Let God be praised now and always. From East to West, praised is the Infinite One. Exalted above all nations, the glory of God extends beyond the heavens. Who of us is like the Infinite One. Enthroned on high, bestowing love on all in heaven and on earth.

Halleluyah! (Psalm 113)

בְּצֵאת יִשְׂרָאֵל מִמִּצְרָיִם, בֵּית יַעֲקֹב מֵעַם לֹעֵז: הָיְתָה יְהוּדָה לְקָדְשׁוֹ יִשְׂרָאֵל מַמְשְׁלוֹתָיו: הַיָּם רָאָה וַיָּנֹס, הַיַּרְדֵּן יִסֹּב לְאָחוֹר: הֶהָרִים רָקְדוּ כְאֵילִים, גְּבָעוֹת כִּבְנֵי צֹאן: מַה לְּךָ הַיָּם כִּי תָנוּס, הַיַּרְדֵּן תִּסֹּב לְאָחוֹר: הֶהָרִים תִּרְקְדוּ כְאֵילִים, גְּבָעוֹת כִּבְנֵי צֹאן: מִלִּפְנֵי אָדוֹן חוּלִי אָרֶץ מִלִּפְנֵי אֱלוֹהַ יַעֲקֹב: הַהֹפְכִי הַצּוּר אֲגַם מָיִם, חַלָּמִישׁ לְמַעְיְנוֹ מָיִם:

Praised be the name of Our One god from now until eternity. From sunrise till sunset, God's name is praised and the glory of the Infinite One dwells in the uppermost heavens, and descends to earth. "When the Israelites went forth from Egypt, when Jacob's household went forth from the midst of spiritual degradation; the land of Judah became their sanctuary, Israel their kingdom. The sea fled, the Jordan River turned back, the mountains danced like rams, and the hills like lambs. What astounds you sea, that you retreat, Jordan that you turn back, mountains and hills that you dance? We are in awe, before the One God" (Psalm 114).

The Matzah is covered and the wine cup is lifted.

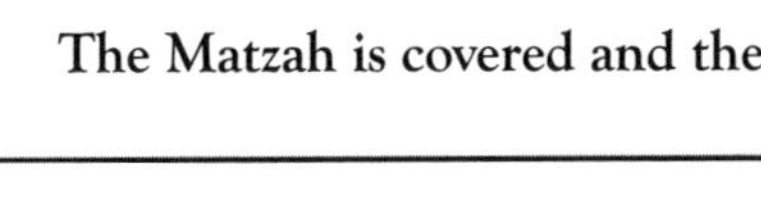

בָּרוּךְ אַתָּה יהוה אֱלֹהֵינוּ מֶלֶךְ הָעוֹלָם, אֲשֶׁר גְּאָלָנוּ וְגָאַל אֶת אֲבוֹתֵינוּ מִמִּצְרַיִם, וְהִגִּיעָנוּ הַלַּיְלָה הַזֶּה לֶאֱכָל בּוֹ מַצָּה וּמָרוֹר. כֵּן יהוה אֱלֹהֵינוּ וֵאלֹהֵי אֲבוֹתֵינוּ יַגִּיעֵנוּ לְמוֹעֲדִים וְלִרְגָלִים אֲחֵרִים הַבָּאִים לִקְרָאתֵנוּ לְשָׁלוֹם, שְׂמֵחִים בְּבִנְיַן עִירֶךָ, וְשָׂשִׂים בַּעֲבוֹדָתֶךָ, וְנֹאכַל שָׁם מִן הַזְּבָחִים וּמִן הַפְּסָחִים (במוצש"ק מִן הַפְּסָחִים וּמִן הַזְּבָחִים) אֲשֶׁר יַגִּיעַ דָּמָם עַל קִיר מִזְבַּחֲךָ לְרָצוֹן וְנוֹדֶה לְךָ שִׁיר חָדָשׁ עַל גְּאֻלָּתֵנוּ וְעַל פְּדוּת נַפְשֵׁנוּ: בָּרוּךְ אַתָּה יהוה גָּאַל יִשְׂרָאֵל:

Blessed art thou, Our One God, Creator of the Universe, Who brought our ancestors out of Egypt and brought us this night to eat matzah and bitter herbs. We sing to You a song of redemption and salvation. Blessed art though, Lord our God, Redeemer of Israel.

בָּרוּךְ אַתָּה יְיָ אֱלֹהֵינוּ מֶלֶךְ הָעוֹלָם בּוֹרֵא פְּרִי הַגָּפֶן

Blessed art thou, Our One God, Creator of the Universe,who creates the fruit of the vine.

Drink the Second Cup of wine.

Rachtzah ⚘ Washing of the Hands

רָחְצָה

We wash our hands to remove all negativity that may cling to us, and we are thankful to Our One God for giving us this blessing.

בָּרוּךְ אַתָּה יְיָ אֱלֹהֵינוּ מֶלֶךְ הָעוֹלָם אֲשֶׁר קִדְּשָׁנוּ בְּמִצְוֹתָיו וְצִוָּנוּ עַל נְטִילַת יָדָיִם

Blessed art Thou, Our One God, Creator of the Universe, Who sanctified us with the commandments, and commanded us concerning the washing of the hands.

Hamotzi Matzah ⚘ Reciting the Blessing

מוֹצִיא מַצָּה

All of the Matzahs are raised.

בָּרוּךְ אַתָּה יְיָ אֱלֹהֵינוּ מֶלֶךְ הָעוֹלָם הַמּוֹצִיא לֶחֶם מִן הָאָרֶץ

Blessed art thou, Our One God, Creator of the Universe, who brings forth bread from the earth.

בָּרוּךְ אַתָּה יְיָ אֱלֹהֵינוּ מֶלֶךְ הָעוֹלָם אֲשֶׁר קִדְּשָׁנוּ בְּמִצְוֹתָיו וְצִוָּנוּ עַל אֲכִילַת מַצָּה

Blessed art thou, Our One God, Creator of the Universe, who has commanded us concerning the eating of matzah.

We eat the Matzah.

Maror
מָרוֹר

The Maror is eaten with the Matzah.

בָּרוּךְ אַתָּה יְיָ אֱלֹהֵינוּ מֶלֶךְ הָעוֹלָם. אֲשֶׁר קִדְּשָׁנוּ
בְּמִצְוֹתָיו וְצִוָּנוּ עַל אֲכִילַת מָרוֹר

Blessed art thou, Our One God, Creator of the Universe, Who sanctified us with commandments and commanded us concerning the eating of the bitter herb.

Korech
כּוֹרֵךְ

**The Maror and Haroset
are eaten with the Matzah.**

זֵכֶר לְמִקְדָּשׁ כְּהִלֵּל. כֵּן עָשָׂה הִלֵּל בִּזְמַן שֶׁבֵּית הַמִּקְדָּשׁ
הָיָה קַיָּם הָיָה כּוֹרֵךְ מַצָּה וּמָרוֹר וְאוֹכֵל בְּיַחַד לְקַיֵּם מַה
שֶּׁנֶּאֱמַר עַל מַצּוֹת וּמְרוֹרִים יֹאכְלֻהוּ:

In remembrance of the temple, the bitter maror and the sweet haroset.

An egg is dipped into salt water and eaten.

The egg reminds us of the promise of spring and rebirth, and the salt water is both stinging and purifying.

Shulchan Orech ✣ The Passover Meal
שֻׁלְחָן עוֹרֵךְ

Tzafun ✣ The Afikomen: All That Is Hidden Will Be Revealed
צָפוּן

When the Afikomen is found, all take a piece and eat it while relaxing comfortably in our chairs. This reminds us that we are now free and able to share our meals with our loved ones in peace and comfort.

The Third Cup of wine is filled.

Barech ⚘ Hymn Before Grace

בָּרֵךְ

We thank God for giving food to all living things and for giving us the land of Israel. We ask God for the blessings of life, health, and peace, and for a rebuilt Jerusalem. We praise God for all that is good.

שִׁיר הַמַּעֲלוֹת, בְּשׁוּב יְהֹוָה אֶת שִׁיבַת צִיּוֹן הָיִינוּ כְּחֹלְמִים: אָז יִמָּלֵא שְׂחוֹק פִּינוּ וּלְשׁוֹנֵנוּ רִנָּה, אָז יֹאמְרוּ בַגּוֹיִם הִגְדִּיל יְהֹוָה לַעֲשׂוֹת עִם אֵלֶּה: הִגְדִּיל יְהֹוָה לַעֲשׂוֹת עִמָּנוּ הָיִינוּ שְׂמֵחִים: שׁוּבָה יְהֹוָה אֶת שְׁבִיתֵנוּ כַּאֲפִיקִים בַּנֶּגֶב: הַזֹּרְעִים בְּדִמְעָה בְּרִנָּה יִקְצֹרוּ: הָלוֹךְ יֵלֵךְ וּבָכֹה נֹשֵׂא מֶשֶׁךְ הַזָּרַע בֹּא יָבֹא בְרִנָּה נֹשֵׂא אֲלֻמֹּתָיו:

The Leader:

רַבּוֹתַי נְבָרֵךְ:

All respond:

יְהִי שֵׁם יְיָ מְבוֹרָךְ מֵעַתָּה וְעַד עוֹלָם.

The Leader repeats:

יְהִי שֵׁם יְיָ מְבוֹרָךְ מֵעַתָּה וְעַד עוֹלָם.

The Leader:

בִּרְשׁוּת מָרָנָן וְרַבָּנָן וְרַבּוֹתַי נְבָרֵךְ [אֱלֹהֵינוּ] שֶׁאָכַלְנוּ מִשֶּׁלּוֹ:

All respond:

בָּרוּךְ [אֱלֹהֵינוּ] שֶׁאָכַלְנוּ מִשֶּׁלוֹ וּבְטוּבוֹ חָיִינוּ.

The Leader repeats:

בָּרוּךְ [אֱלֹהֵינוּ] שֶׁאָכַלְנוּ מִשֶּׁלוֹ וּבְטוּבוֹ חָיִינוּ.

בָּרוּךְ אַתָּה יהוה אֱלֹהֵינוּ מֶלֶךְ הָעוֹלָם, הַזָּן אֶת הָעוֹלָם כֻּלּוֹ בְּטוּבוֹ בְּחֵן בְּחֶסֶד וּבְרַחֲמִים, הוּא נוֹתֵן לֶחֶם לְכָל בָּשָׂר כִּי לְעוֹלָם חַסְדּוֹ, וּבְטוּבוֹ הַגָּדוֹל תָּמִיד לֹא חָסַר לָנוּ וְאַל יֶחְסַר לָנוּ מָזוֹן לְעוֹלָם וָעֶד, בַּעֲבוּר שְׁמוֹ הַגָּדוֹל, כִּי הוּא

אֵל זָן וּמְפַרְנֵס לַכֹּל וּמֵטִיב לַכֹּל, וּמֵכִין מָזוֹן לְכָל בְּרִיּוֹתָיו אֲשֶׁר בָּרָא. בָּרוּךְ אַתָּה יהוה, הַזָּן אֶת הַכֹּל: (הַמְסֻבִּים: אָמֵן.)

נוֹדֶה לְךָ יהוה אֱלֹהֵינוּ עַל שֶׁהִנְחַלְתָּ לַאֲבוֹתֵינוּ, אֶרֶץ חֶמְדָּה טוֹבָה וּרְחָבָה, וְעַל שֶׁהוֹצֵאתָנוּ יהוה אֱלֹהֵינוּ מֵאֶרֶץ מִצְרַיִם, וּפְדִיתָנוּ מִבֵּית עֲבָדִים, וְעַל בְּרִיתְךָ שֶׁחָתַמְתָּ בִּבְשָׂרֵנוּ, וְעַל תּוֹרָתְךָ שֶׁלִּמַּדְתָּנוּ, וְעַל חֻקֶּיךָ שֶׁהוֹדַעְתָּנוּ, וְעַל חַיִּים חֵן וָחֶסֶד שֶׁחוֹנַנְתָּנוּ, וְעַל אֲכִילַת מָזוֹן שָׁאַתָּה זָן וּמְפַרְנֵס אוֹתָנוּ תָּמִיד, בְּכָל יוֹם וּבְכָל עֵת וּבְכָל שָׁעָה:

וְעַל הַכֹּל יהוה אֱלֹהֵינוּ אֲנַחְנוּ מוֹדִים לָךְ, וּמְבָרְכִים אוֹתָךְ, יִתְבָּרַךְ שִׁמְךָ בְּפִי כָּל חַי תָּמִיד לְעוֹלָם וָעֶד. כַּכָּתוּב, וְאָכַלְתָּ וְשָׂבָעְתָּ, וּבֵרַכְתָּ אֶת יהוה אֱלֹהֶיךָ עַל הָאָרֶץ הַטֹּבָה אֲשֶׁר נָתַן לָךְ. בָּרוּךְ אַתָּה יהוה עַל הָאָרֶץ וְעַל הַמָּזוֹן: (הַמְסֻבִּים: אָמֵן.)

רַחֵם נָא יהוה אֱלֹהֵינוּ, עַל יִשְׂרָאֵל עַמֶּךָ, וְעַל יְרוּשָׁלַיִם עִירֶךָ, וְעַל צִיּוֹן מִשְׁכַּן כְּבוֹדֶךָ, וְעַל מַלְכוּת בֵּית דָּוִד מְשִׁיחֶךָ, וְעַל הַבַּיִת הַגָּדוֹל וְהַקָּדוֹשׁ שֶׁנִּקְרָא שִׁמְךָ עָלָיו. אֱלֹהֵינוּ אָבִינוּ, רְעֵנוּ זוּנֵנוּ פַּרְנְסֵנוּ וְכַלְכְּלֵנוּ וְהַרְוִיחֵנוּ, וְהַרְוַח לָנוּ יהוה אֱלֹהֵינוּ מְהֵרָה מִכָּל צָרוֹתֵינוּ. וְנָא אַל תַּצְרִיכֵנוּ יהוה אֱלֹהֵינוּ לֹא לִידֵי מַתְּנַת בָּשָׂר וָדָם, וְלֹא לִידֵי הַלְוָאָתָם, כִּי אִם לְיָדְךָ הַמְּלֵאָה הַפְּתוּחָה הַקְּדוֹשָׁה וְהָרְחָבָה, שֶׁלֹּא נֵבוֹשׁ וְלֹא נִכָּלֵם לְעוֹלָם וָעֶד:

On the Sabbath the following passage is included:

רְצֵה וְהַחֲלִיצֵנוּ יהוה אֱלֹהֵינוּ בְּמִצְוֹתֶיךָ, וּבְמִצְוַת יוֹם הַשְּׁבִיעִי הַשַּׁבָּת הַגָּדוֹל וְהַקָּדוֹשׁ הַזֶּה, כִּי יוֹם זֶה גָּדוֹל וְקָדוֹשׁ הוּא לְפָנֶיךָ, לִשְׁבָּת בּוֹ וְלָנוּחַ בּוֹ בְּאַהֲבָה כְּמִצְוַת רְצוֹנֶךָ, וּבִרְצוֹנְךָ הָנִיחַ לָנוּ יהוה אֱלֹהֵינוּ שֶׁלֹּא תְהֵא צָרָה וְיָגוֹן וַאֲנָחָה בְּיוֹם מְנוּחָתֵנוּ, וְהַרְאֵנוּ יהוה אֱלֹהֵינוּ בְּנֶחָמַת צִיּוֹן עִירֶךָ וּבְבִנְיַן יְרוּשָׁלַיִם עִיר קָדְשֶׁךָ, כִּי אַתָּה הוּא בַּעַל הַיְשׁוּעוֹת וּבַעַל הַנֶּחָמוֹת:

אֱלֹהֵינוּ וֵאלֹהֵי אֲבוֹתֵינוּ, יַעֲלֶה וְיָבֹא וְיַגִּיעַ וְיֵרָאֶה וְיֵרָצֶה וְיִשָּׁמַע וְיִפָּקֵד וְיִזָּכֵר זִכְרוֹנֵנוּ וּפִקְדוֹנֵנוּ, וְזִכְרוֹן אֲבוֹתֵינוּ, וְזִכְרוֹן מָשִׁיחַ בֶּן דָּוִד עַבְדֶּךָ, וְזִכְרוֹן יְרוּשָׁלַיִם עִיר קָדְשֶׁךָ, וְזִכְרוֹן כָּל עַמְּךָ בֵּית יִשְׂרָאֵל לְפָנֶיךָ, לִפְלֵיטָה לְטוֹבָה לְחֵן וּלְחֶסֶד וּלְרַחֲמִים לְחַיִּים וּלְשָׁלוֹם בְּיוֹם חַג הַמַּצּוֹת הַזֶּה, זָכְרֵנוּ יהוה אֱלֹהֵינוּ בּוֹ לְטוֹבָה, וּפָקְדֵנוּ בוֹ לִבְרָכָה, וְהוֹשִׁיעֵנוּ בוֹ לְחַיִּים, וּבִדְבַר יְשׁוּעָה וְרַחֲמִים חוּס וְחָנֵּנוּ וְרַחֵם עָלֵינוּ וְהוֹשִׁיעֵנוּ, כִּי אֵלֶיךָ עֵינֵינוּ, כִּי אֵל מֶלֶךְ חַנּוּן וְרַחוּם אָתָּה:

וּבְנֵה יְרוּשָׁלַיִם עִיר הַקֹּדֶשׁ בִּמְהֵרָה בְיָמֵינוּ. בָּרוּךְ אַתָּה יהוה בּוֹנֵה בְרַחֲמָיו יְרוּשָׁלָיִם, אָמֵן:

בָּרוּךְ אַתָּה יהוה אֱלֹהֵינוּ מֶלֶךְ הָעוֹלָם, הָאֵל אָבִינוּ מַלְכֵּנוּ אַדִּירֵנוּ בּוֹרְאֵנוּ גּוֹאֲלֵנוּ יוֹצְרֵנוּ קְדוֹשֵׁנוּ קְדוֹשׁ יַעֲקֹב, רוֹעֵנוּ רוֹעֵה יִשְׂרָאֵל, הַמֶּלֶךְ הַטּוֹב וְהַמֵּטִיב לַכֹּל, שֶׁבְּכָל יוֹם וָיוֹם הוּא הֵטִיב הוּא מֵטִיב הוּא יֵיטִיב לָנוּ, הוּא גְמָלָנוּ הוּא גוֹמְלֵנוּ הוּא יִגְמְלֵנוּ לָעַד, לְחֵן וּלְחֶסֶד וּלְרַחֲמִים וּלְרֶוַח הַצָּלָה וְהַצְלָחָה, בְּרָכָה וִישׁוּעָה נֶחָמָה פַּרְנָסָה וְכַלְכָּלָה, וְרַחֲמִים וְחַיִּים וְשָׁלוֹם וְכָל טוֹב, וּמִכָּל טוּב לְעוֹלָם אַל יְחַסְּרֵנוּ: (הַמְסֻבִּים: אָמֵן.)

הָרַחֲמָן, הוּא יִמְלֹךְ עָלֵינוּ לְעוֹלָם וָעֶד.

הָרַחֲמָן, הוּא יִתְבָּרַךְ בַּשָּׁמַיִם וּבָאָרֶץ.

הָרַחֲמָן, הוּא יִשְׁתַּבַּח לְדוֹר דּוֹרִים, וְיִתְפָּאַר בָּנוּ לָעַד וּלְנֵצַח נְצָחִים, וְיִתְהַדַּר בָּנוּ לָעַד וּלְעוֹלְמֵי עוֹלָמִים.

הָרַחֲמָן, הוּא יְפַרְנְסֵנוּ בְּכָבוֹד.

הָרַחֲמָן, הוּא יִשְׁבֹּר עֻלֵּנוּ מֵעַל צַוָּארֵנוּ, וְהוּא יוֹלִיכֵנוּ קוֹמְמִיּוּת לְאַרְצֵנוּ.

הָרַחֲמָן, הוּא יִשְׁלַח לָנוּ בְּרָכָה מְרֻבָּה בַּבַּיִת הַזֶּה, וְעַל שֻׁלְחָן זֶה שֶׁאָכַלְנוּ עָלָיו.

הָרַחֲמָן, הוּא יִשְׁלַח לָנוּ אֶת אֵלִיָּהוּ הַנָּבִיא זָכוּר לַטּוֹב, וִיבַשֶּׂר לָנוּ בְּשׂוֹרוֹת טוֹבוֹת יְשׁוּעוֹת וְנֶחָמוֹת.

בַּמָּרוֹם יְלַמְּדוּ עֲלֵיהֶם וְעָלֵינוּ זְכוּת שֶׁתְּהֵא לְמִשְׁמֶרֶת שָׁלוֹם, וְנִשָּׂא בְרָכָה מֵאֵת יהוה וּצְדָקָה מֵאֱלֹהֵי יִשְׁעֵנוּ, וְנִמְצָא חֵן וְשֵׂכֶל טוֹב בְּעֵינֵי אֱלֹהִים וְאָדָם:

When Passover occurs on the Sabbath, the following paragraph is added:

הָרַחֲמָן, הוּא יַנְחִילֵנוּ יוֹם שֶׁכֻּלּוֹ שַׁבָּת וּמְנוּחָה לְחַיֵּי הָעוֹלָמִים.

הָרַחֲמָן הוּא יַנְחִילֵנוּ יוֹם שֶׁכֻּלּוֹ טוֹב. יוֹם שֶׁכֻּלּוֹ אָרוּךְ, יוֹם שֶׁצַּדִּיקִים יוֹשְׁבִים וְעַטְרוֹתֵיהֶם בְּרָאשֵׁיהֶם וְנֶהֱנִים מִזִּיו הַשְּׁכִינָה, וִיהִי חֶלְקֵנוּ עִמָּהֶם:

הָרַחֲמָן, הוּא יְזַכֵּנוּ לִימוֹת הַמָּשִׁיחַ וּלְחַיֵּי הָעוֹלָם הַבָּא.

מִגְדּוֹל יְשׁוּעוֹת מַלְכּוֹ, וְעֹשֶׂה חֶסֶד לִמְשִׁיחוֹ, לְדָוִד וּלְזַרְעוֹ עַד עוֹלָם. עֹשֶׂה שָׁלוֹם בִּמְרוֹמָיו הוּא יַעֲשֶׂה שָׁלוֹם עָלֵינוּ וְעַל כָּל יִשְׂרָאֵל, וְאִמְרוּ אָמֵן.

יְראוּ אֶת יהוה קְדֹשָׁיו, כִּי אֵין מַחְסוֹר לִירֵאָיו: כְּפִירִים רָשׁוּ וְרָעֵבוּ, וְדֹרְשֵׁי יהוה לֹא יַחְסְרוּ כָל טוֹב: הוֹדוּ לַיהוה כִּי טוֹב, כִּי לְעוֹלָם חַסְדּוֹ: פּוֹתֵחַ אֶת יָדֶךָ, וּמַשְׂבִּיעַ לְכָל חַי רָצוֹן: בָּרוּךְ הַגֶּבֶר אֲשֶׁר יִבְטַח בַּיהוה, וְהָיָה יְהוָֹה מִבְטַחוֹ: נַעַר הָיִיתִי גַּם זָקַנְתִּי, וְלֹא רָאִיתִי צַדִּיק נֶעֱזָב וְזַרְעוֹ מְבַקֶּשׁ לָחֶם: יהוה עֹז לְעַמּוֹ יִתֵּן, יהוה יְבָרֵךְ אֶת עַמּוֹ בַשָּׁלוֹם:

בָּרוּךְ אַתָּה יְיָ אֱלֹהֵינוּ מֶלֶךְ הָעוֹלָם בּוֹרֵא פְּרִי הַגָּפֶן

Drink the Third Cup of wine.

We invite the spirit of Eliyahu, the prophet who will herald the time of ultimate Redemption with the coming of the Messiah. Eliyahu, who raised the dead, who brought forth fire from sky, who parted waters, and who ascended in a whirlwind to heaven.

We open the door for Eliyahu.

אֵלִיָּהוּ הַנָּבִיא. אֵלִיָּהוּ הַתִּשְׁבִּי. אֵלִיָּהוּ הַגִּלְעָדִי: בִּמְהֵרָה יָבֹא אֵלֵינוּ עִם מָשִׁיחַ בֶּן דָּוִד:

Eliyahu hanavi
Eliyahu hatishbee
Eliyahu eliyahu
Eliyahu hagiladee
Bimhayra beyameinu
Yavo aleinu
Im Mashiach Ben David
Im Mashiach Ben David

Hallel ❦ Songs of Praise
הַלֵּל

The whole world sings songs of praise to God.

God's love for us lasts forever.

לֹא לָנוּ יהוה לֹא לָנוּ, כִּי לְשִׁמְךָ תֵּן כָּבוֹד עַל חַסְדְּךָ עַל אֲמִתֶּךָ: לָמָּה יֹאמְרוּ הַגּוֹיִם, אַיֵּה נָא אֱלֹהֵיהֶם: וֵאלֹהֵינוּ בַשָּׁמָיִם, כֹּל אֲשֶׁר חָפֵץ עָשָׂה: עֲצַבֵּיהֶם כֶּסֶף וְזָהָב, מַעֲשֵׂה יְדֵי אָדָם: פֶּה לָהֶם וְלֹא יְדַבֵּרוּ, עֵינַיִם לָהֶם וְלֹא יִרְאוּ: אָזְנַיִם לָהֶם וְלֹא יִשְׁמָעוּ, אַף לָהֶם וְלֹא יְרִיחוּן: יְדֵיהֶם וְלֹא יְמִישׁוּן רַגְלֵיהֶם וְלֹא יְהַלֵּכוּ, לֹא יֶהְגּוּ בִּגְרוֹנָם: כְּמוֹהֶם יִהְיוּ עֹשֵׂיהֶם, כֹּל אֲשֶׁר בֹּטֵחַ בָּהֶם: יִשְׂרָאֵל בְּטַח בַּיהוה, עֶזְרָם וּמָגִנָּם הוּא: בֵּית אַהֲרֹן בִּטְחוּ בַיהוה, עֶזְרָם וּמָגִנָּם הוּא: יִרְאֵי יהוה בִּטְחוּ בַיהוה, עֶזְרָם וּמָגִנָּם הוּא:

יהוה זְכָרָנוּ יְבָרֵךְ, יְבָרֵךְ אֶת בֵּית יִשְׂרָאֵל, יְבָרֵךְ אֶת בֵּית אַהֲרֹן: יְבָרֵךְ יִרְאֵי יהוה, הַקְּטַנִּים עִם הַגְּדֹלִים: יֹסֵף יְהוָה עֲלֵיכֶם, עֲלֵיכֶם וְעַל בְּנֵיכֶם: בְּרוּכִים אַתֶּם לַיהוה, עֹשֵׂה שָׁמַיִם וָאָרֶץ: הַשָּׁמַיִם שָׁמַיִם לַיהוה, וְהָאָרֶץ נָתַן לִבְנֵי אָדָם: לֹא הַמֵּתִים יְהַלְלוּ יָהּ, וְלֹא כָּל יֹרְדֵי דוּמָה: וַאֲנַחְנוּ נְבָרֵךְ יָהּ, מֵעַתָּה וְעַד עוֹלָם, הַלְלוּיָהּ:

אָהַבְתִּי כִּי יִשְׁמַע יהוה, אֶת קוֹלִי תַּחֲנוּנָי: כִּי הִטָּה אָזְנוֹ לִי, וּבְיָמַי אֶקְרָא: אֲפָפוּנִי חֶבְלֵי מָוֶת, וּמְצָרֵי שְׁאוֹל מְצָאוּנִי, צָרָה וְיָגוֹן אֶמְצָא: וּבְשֵׁם יהוה אֶקְרָא, אָנָּה יהוה מַלְּטָה נַפְשִׁי: חַנּוּן יהוה וְצַדִּיק, וֵאלֹהֵינוּ מְרַחֵם: שֹׁמֵר פְּתָאִים יהוה, דַּלֹּתִי וְלִי יְהוֹשִׁיעַ: שׁוּבִי נַפְשִׁי לִמְנוּחָיְכִי, כִּי יהוה גָּמַל עָלָיְכִי: כִּי חִלַּצְתָּ נַפְשִׁי מִמָּוֶת,

אֶת עֵינִי מִן דִּמְעָה אֶת רַגְלִי מִדֶּחִי: אֶתְהַלֵּךְ לִפְנֵי יהוה, בְּאַרְצוֹת הַחַיִּים: הֶאֱמַנְתִּי כִּי אֲדַבֵּר, אֲנִי עָנִיתִי מְאֹד: אֲנִי אָמַרְתִּי בְחָפְזִי, כָּל הָאָדָם כֹּזֵב:

מָה אָשִׁיב לַיהוה, כָּל תַּגְמוּלוֹהִי עָלָי: כּוֹס יְשׁוּעוֹת אֶשָּׂא, וּבְשֵׁם יהוה אֶקְרָא: נְדָרַי לַיהוה אֲשַׁלֵּם, נֶגְדָה נָּא לְכָל עַמּוֹ: יָקָר בְּעֵינֵי יהוה, הַמָּוְתָה לַחֲסִידָיו: אָנָּה יהוה כִּי אֲנִי עַבְדֶּךָ, אֲנִי עַבְדְּךָ בֶּן אֲמָתֶךָ, פִּתַּחְתָּ לְמוֹסֵרָי: לְךָ אֶזְבַּח זֶבַח תּוֹדָה וּבְשֵׁם יהוה אֶקְרָא: נְדָרַי לַיהוה אֲשַׁלֵּם, נֶגְדָה נָּא לְכָל עַמּוֹ: בְּחַצְרוֹת בֵּית יהוה, בְּתוֹכֵכִי יְרוּשָׁלָיִם, הַלְלוּיָהּ:

הַלְלוּ אֶת יהוה כָּל גּוֹיִם, שַׁבְּחוּהוּ כָּל הָאֻמִּים: כִּי גָבַר עָלֵינוּ חַסְדּוֹ, וֶאֱמֶת יהוה לְעוֹלָם, הַלְלוּיָהּ:

הוֹדוּ לַיהוה כִּי טוֹב כִּי לְעוֹלָם חַסְדּוֹ:
יֹאמַר נָא יִשְׂרָאֵל כִּי לְעוֹלָם חַסְדּוֹ:
יֹאמְרוּ נָא בֵית אַהֲרֹן כִּי לְעוֹלָם חַסְדּוֹ:
יֹאמְרוּ נָא יִרְאֵי יהוה כִּי לְעוֹלָם חַסְדּוֹ:

בָּרוּךְ אַתָּה יְיָ אֱלֹהֵינוּ מֶלֶךְ הָעוֹלָם בּוֹרֵא פְּרִי הַגָּפֶן

Blessed art thou, Our One God, Creator of the Universe, who Created the fruit of the vine.

Drink the Fourth Cup of wine.

Nirtzah ⚘ Conclusion of Seder.

נִרְצָה

חֲסַל סִדּוּר פֶּסַח כְּהִלְכָתוֹ, כְּכָל מִשְׁפָּטוֹ וְחֻקָּתוֹ, כַּאֲשֶׁר זָכִינוּ לְסַדֵּר אוֹתוֹ, כֵּן נִזְכֶּה לַעֲשׂוֹתוֹ. זָךְ שׁוֹכֵן מְעוֹנָה, קוֹמֵם קְהַל עֲדַת מִי מָנָה. בְּקָרוֹב נַהֵל נִטְעֵי כַנָּה, פְּדוּיִם לְצִיּוֹן בְּרִנָּה.

We have concluded the Seder according to Jewish law and custom. As we have been privileged to celebrate this year, may we celebrate it in the years to come.

The last song of the Seder echoes our hope for Tikkun Olam and God's promise for a world in which the sephirot emanate in harmony. "Nation shall not lift up sword against nation, nor know of war" (Isiaih 2:4) and the entire world will dwell "in a city built where all are united as one" (*Psalm 122:3*).

לְשָׁנָה הַבָּאָה בִּירוּשָׁלָיִם!

NEXT YEAR IN JERUSALEM

L'Shana Haba'ah B'Yerushalayim

Songs of Praise

The following poem is recited on the first night:

וּבְכֵן וַיְהִי בַּחֲצִי הַלַּיְלָה:

אָז רוֹב נִסִּים הִפְלֵאתָ בַּלַּיְלָה.
בְּרֹאשׁ אַשְׁמוֹרֶת זֶה הַלַּיְלָה.
גֵּר צֶדֶק נִצַּחְתּוֹ כְּנֶחֱלַק לוֹ לַיְלָה.
וַיְהִי בַּחֲצִי הַלַּיְלָה:

דַּנְתָּ מֶלֶךְ גְּרָר בַּחֲלוֹם הַלַּיְלָה.
הִפְחַדְתָּ אֲרַמִּי בְּאֶמֶשׁ לַיְלָה.
וַיָּשַׂר יִשְׂרָאֵל לְמַלְאָךְ וַיּוּכַל לוֹ לַיְלָה.
וַיְהִי בַּחֲצִי הַלַּיְלָה:

זֶרַע בְּכוֹרֵי פַּתְרוֹס מָחַצְתָּ בַּחֲצִי הַלַּיְלָה.
חֵילָם לֹא מָצְאוּ בְּקוּמָם בַּלַּיְלָה.
טִיסַת נְגִיד חֲרוֹשֶׁת סִלִּיתָ בְּכוֹכְבֵי לַיְלָה.
וַיְהִי בַּחֲצִי הַלַּיְלָה:

יָעַץ מְחָרֵף לְנוֹפֵף אִוּוּי הוֹבַשְׁתָּ פְגָרָיו בַּלַּיְלָה.
כָּרַע בֵּל וּמַצָּבוֹ בְּאִישׁוֹן לַיְלָה.
לְאִישׁ חֲמוּדוֹת נִגְלָה רָז חֲזוֹת לַיְלָה.
וַיְהִי בַּחֲצִי הַלַּיְלָה:

מִשְׁתַּכֵּר בִּכְלֵי קֹדֶשׁ נֶהֱרַג בּוֹ בַּלַּיְלָה.
נוֹשַׁע מִבּוֹר אֲרָיוֹת פּוֹתֵר בִּעֲתוּתֵי לַיְלָה.
שִׂנְאָה נָטַר אֲגָגִי וְכָתַב סְפָרִים בַּלַּיְלָה.
וַיְהִי בַּחֲצִי הַלַּיְלָה:

עוֹרַרְתָּ נִצְחֲךָ עָלָיו בְּנֶדֶד שְׁנַת לַיְלָה.
פּוּרָה תִדְרוֹךְ לְשׁוֹמֵר מַה מִלַּיְלָה.
צָרַח כַּשּׁוֹמֵר וְשָׂח אָתָא בֹקֶר וְגַם לַיְלָה.
וַיְהִי בַּחֲצִי הַלַּיְלָה:

קָרֵב יוֹם אֲשֶׁר הוּא לֹא יוֹם וְלֹא לַיְלָה.
רָם הוֹדַע כִּי לְךָ הַיּוֹם אַף לְךָ הַלַּיְלָה.
שׁוֹמְרִים הַפְקֵד לְעִירְךָ כָּל הַיּוֹם וְכָל הַלַּיְלָה.
תָּאִיר כְּאוֹר יוֹם חֶשְׁכַת לַיְלָה.
וַיְהִי בַּחֲצִי הַלַּיְלָה:

The following poem is recited on the second night. (In Israel, where only one Seder is held, both poems are recited on the first night.)

וּבְכֵן וַאֲמַרְתֶּם זֶבַח פֶּסַח:
אוֹמֶץ גְּבוּרוֹתֶיךָ הִפְלֵאתָ בַּפֶּסַח.
בְּרֹאשׁ כָּל מוֹעֲדוֹת נִשֵּׂאתָ פֶּסַח.
גִּלִּיתָ לְאֶזְרָחִי חֲצוֹת לֵיל פֶּסַח.
וַאֲמַרְתֶּם זֶבַח פֶּסַח:

דְּלָתָיו דָּפַקְתָּ כְּחוֹם הַיּוֹם בַּפֶּסַח.
הִסְעִיד נוֹצְצִים עֻגוֹת מַצּוֹת בַּפֶּסַח.
וְאֶל הַבָּקָר רָץ זֵכֶר לְשׁוֹר עֵרֶךְ פֶּסַח.
וַאֲמַרְתֶּם זֶבַח פֶּסַח:
זוֹעֲמוּ סְדוֹמִים וְלֹהֲטוּ בָאֵשׁ בַּפֶּסַח.
חֻלַּץ לוֹט מֵהֶם וּמַצּוֹת אָפָה בְּקֵץ פֶּסַח.
טִאטֵאתָ אַדְמַת מוֹף וְנוֹף בְּעָבְרְךָ בַּפֶּסַח.
וַאֲמַרְתֶּם זֶבַח פֶּסַח:

יָהּ רֹאשׁ כָּל אוֹן מָחַצְתָּ בְּלֵיל שִׁמּוּר פֶּסַח.
כַּבִּיר עַל בֵּן בְּכוֹר פָּסַחְתָּ בְּדַם פֶּסַח.
לְבִלְתִּי תֵּת מַשְׁחִית לָבֹא בִּפְתָחַי בַּפֶּסַח.
וַאֲמַרְתֶּם זֶבַח פֶּסַח:

מְסֻגֶּרֶת סֻגָּרָה בְּעִתּוֹתֵי פֶּסַח.
נִשְׁמְדָה מִדְיָן בִּצְלִיל שְׂעוֹרֵי עוֹמֶר פֶּסַח.
שׂוֹרְפוּ מִשְׁמַנֵּי פוּל וְלוּד בִּיקַד יְקוֹד פֶּסַח.

וַאֲמַרְתֶּם זֶבַח פֶּסַח:

עוֹד הַיּוֹם בְּנוֹב לַעֲמוֹד עַד גָּעָה עוֹנַת פֶּסַח.
פַּס יָד כָּתְבָה לְקַעֲקֵעַ צוּל בַּפֶּסַח.
צָפֹה הַצָּפִית עָרוֹךְ הַשֻּׁלְחָן בַּפֶּסַח.
וַאֲמַרְתֶּם זֶבַח פֶּסַח:

קָהָל כִּנְּסָה הֲדַסָּה צוֹם לְשַׁלֵּשׁ בַּפֶּסַח.
רֹאשׁ מִבֵּית רָשָׁע מָחַצְתָּ בְּעֵץ חֲמִשִּׁים בַּפֶּסַח.
שְׁתֵּי אֵלֶּה רֶגַע תָּבִיא לְעוּצִית בַּפֶּסַח.
תָּעוֹז יָדְךָ וְתָרוּם יְמִינְךָ כְּלֵיל הִתְקַדֵּשׁ חַג פֶּסַח.
וַאֲמַרְתֶּם זֶבַח פֶּסַח:

כִּי לוֹ נָאֶה, כִּי לוֹ יָאֶה.
אַדִּיר בִּמְלוּכָה, בָּחוּר כַּהֲלָכָה, גְּדוּדָיו יֹאמְרוּ לוֹ.
לְךָ וּלְךָ, לְךָ כִּי לְךָ, לְךָ אַף לְךָ, לְךָ יְיָ הַמַּמְלָכָה, כִּי לוֹ נָאֶה, כִּי לוֹ יָאֶה.
דָּגוּל בִּמְלוּכָה, הָדוּר כַּהֲלָכָה, וָתִיקָיו יֹאמְרוּ לוֹ.
לְךָ וּלְךָ, לְךָ כִּי לְךָ, לְךָ אַף לְךָ, לְךָ יְיָ הַמַּמְלָכָה, כִּי לוֹ נָאֶה, כִּי לוֹ יָאֶה.
זַכַּאי בִּמְלוּכָה, חָסִין כַּהֲלָכָה, טַפְסְרָיו יֹאמְרוּ לוֹ.
לְךָ וּלְךָ, לְךָ כִּי לְךָ, לְךָ אַף לְךָ, לְךָ יְיָ הַמַּמְלָכָה, כִּי לוֹ נָאֶה, כִּי לוֹ יָאֶה.
יָחִיד בִּמְלוּכָה, כַּבִּיר כַּהֲלָכָה, לִמּוּדָיו יֹאמְרוּ לוֹ.
לְךָ וּלְךָ, לְךָ כִּי לְךָ, לְךָ אַף לְךָ, לְךָ יְיָ הַמַּמְלָכָה, כִּי לוֹ נָאֶה, כִּי לוֹ יָאֶה.
מוֹשֵׁל בִּמְלוּכָה, נוֹרָא כַּהֲלָכָה, סְבִיבָיו יֹאמְרוּ לוֹ.
לְךָ וּלְךָ, לְךָ כִּי לְךָ, לְךָ אַף לְךָ, לְךָ יְיָ הַמַּמְלָכָה, כִּי לוֹ נָאֶה, כִּי לוֹ יָאֶה.
עָנָיו בִּמְלוּכָה, פּוֹדֶה כַּהֲלָכָה, צַדִּיקָיו יֹאמְרוּ לוֹ.
לְךָ וּלְךָ, לְךָ כִּי לְךָ, לְךָ אַף לְךָ, לְךָ יְיָ הַמַּמְלָכָה, כִּי לוֹ נָאֶה, כִּי לוֹ יָאֶה.
קָדוֹשׁ בִּמְלוּכָה, רַחוּם כַּהֲלָכָה, שִׁנְאַנָּיו יֹאמְרוּ לוֹ.
לְךָ וּלְךָ, לְךָ כִּי לְךָ, לְךָ אַף לְךָ, לְךָ יְיָ הַמַּמְלָכָה, כִּי לוֹ נָאֶה, כִּי לוֹ יָאֶה.
תַּקִּיף בִּמְלוּכָה, תּוֹמֵךְ כַּהֲלָכָה, תְּמִימָיו יֹאמְרוּ לוֹ.

לְךָ וּלְךָ, לְךָ כִּי לְךָ, לְךָ אַף לְךָ, לְךָ יְיָ הַמַּמְלָכָה, כִּי לוֹ נָאֶה, כִּי לוֹ יָאֶה.

אַדִּיר הוּא יִבְנֶה בֵיתוֹ בְּקָרוֹב, בִּמְהֵרָה בִּמְהֵרָה בְּיָמֵינוּ בְּקָרוֹב, אֵל בְּנֵה אֵל בְּנֵה, בְּנֵה בֵיתְךָ בְּקָרוֹב.

בָּחוּר הוּא, גָּדוֹל הוּא, דָּגוּל הוּא, יִבְנֶה בֵיתוֹ בְּקָרוֹב. בִּמְהֵרָה בִּמְהֵרָה בְּיָמֵינוּ בְּקָרוֹב, אֵל בְּנֵה אֵל בְּנֵה, בְּנֵה בֵיתְךָ בְּקָרוֹב.

הָדוּר הוּא, וָתִיק הוּא, זַכַּאי הוּא, חָסִיד הוּא, יִבְנֶה בֵיתוֹ בְּקָרוֹב, בִּמְהֵרָה בִּמְהֵרָה בְּיָמֵינוּ בְּקָרוֹב, אֵל בְּנֵה אֵל בְּנֵה, בְּנֵה בֵיתְךָ בְּקָרוֹב.

טָהוֹר הוּא, יָחִיד הוּא, כַּבִּיר הוּא, לָמוּד הוּא, מֶלֶךְ הוּא, נוֹרָא הוּא, סַגִּיב הוּא, עִזּוּז הוּא, פּוֹדֶה הוּא, צַדִּיק הוּא, יִבְנֶה בֵיתוֹ בְּקָרוֹב, בִּמְהֵרָה בִּמְהֵרָה בְּיָמֵינוּ בְּקָרוֹב, אֵל בְּנֵה אֵל בְּנֵה, בְּנֵה בֵיתְךָ בְּקָרוֹב.

קָדוֹשׁ הוּא, רַחוּם הוּא, שַׁדַּי הוּא, תַּקִּיף הוּא, יִבְנֶה בֵיתוֹ בְּקָרוֹב, בִּמְהֵרָה בִּמְהֵרָה בְּיָמֵינוּ בְּקָרוֹב, אֵל בְּנֵה אֵל בְּנֵה, בְּנֵה בֵיתְךָ בְּקָרוֹב.

אֶחָד מִי יוֹדֵעַ, אֶחָד אֲנִי יוֹדֵעַ, אֶחָד אֱלֹהֵינוּ שֶׁבַּשָּׁמַיִם וּבָאָרֶץ.

שְׁנַיִם מִי יוֹדֵעַ, שְׁנַיִם אֲנִי יוֹדֵעַ. שְׁנֵי לוּחוֹת הַבְּרִית, אֶחָד אֱלֹהֵינוּ שֶׁבַּשָּׁמַיִם וּבָאָרֶץ.

שְׁלֹשָׁה מִי יוֹדֵעַ, שְׁלֹשָׁה אֲנִי יוֹדֵעַ, שְׁלֹשָׁה אָבוֹת, שְׁנֵי לוּחוֹת הַבְּרִית, אֶחָד אֱלֹהֵינוּ שֶׁבַּשָּׁמַיִם וּבָאָרֶץ.

אַרְבַּע מִי יוֹדֵעַ, אַרְבַּע אֲנִי יוֹדֵעַ, אַרְבַּע אִמָּהוֹת, שְׁלֹשָׁה אָבוֹת, שְׁנֵי לוּחוֹת הַבְּרִית, אֶחָד אֱלֹהֵינוּ שֶׁבַּשָּׁמַיִם וּבָאָרֶץ.

חֲמִשָּׁה מִי יוֹדֵעַ, חֲמִשָּׁה אֲנִי יוֹדֵעַ, חֲמִשָּׁה חוּמְשֵׁי תוֹרָה, אַרְבַּע אִמָּהוֹת, שְׁלֹשָׁה אָבוֹת, שְׁנֵי לוּחוֹת הַבְּרִית, אֶחָד אֱלֹהֵינוּ שֶׁבַּשָּׁמַיִם וּבָאָרֶץ.

שִׁשָּׁה מִי יוֹדֵעַ, שִׁשָּׁה אֲנִי יוֹדֵעַ, שִׁשָּׁה סִדְרֵי מִשְׁנָה, חֲמִשָּׁה חוּמְשֵׁי תוֹרָה, אַרְבַּע אִמָּהוֹת, שְׁלֹשָׁה אָבוֹת, שְׁנֵי לוּחוֹת הַבְּרִית, אֶחָד אֱלֹהֵינוּ שֶׁבַּשָּׁמַיִם וּבָאָרֶץ.

שִׁבְעָה מִי יוֹדֵעַ, שִׁבְעָה אֲנִי יוֹדֵעַ, שִׁבְעָה יְמֵי שַׁבַּתָּא, שִׁשָּׁה סִדְרֵי מִשְׁנָה, חֲמִשָּׁה חוּמְשֵׁי תוֹרָה, אַרְבַּע אִמָּהוֹת, שְׁלֹשָׁה אָבוֹת, שְׁנֵי לוּחוֹת הַבְּרִית, אֶחָד אֱלֹהֵינוּ שֶׁבַּשָּׁמַיִם וּבָאָרֶץ.

שְׁמוֹנָה מִי יוֹדֵעַ, שְׁמוֹנָה אֲנִי יוֹדֵעַ, שְׁמוֹנָה יְמֵי מִילָה, שִׁבְעָה יְמֵי שַׁבַּתָּא, שִׁשָּׁה סִדְרֵי מִשְׁנָה, חֲמִשָּׁה חוּמְשֵׁי תוֹרָה, אַרְבַּע אִמָּהוֹת, שְׁלֹשָׁה אָבוֹת, שְׁנֵי לוּחוֹת הַבְּרִית,

אֶחָד אֱלֹהֵינוּ שֶׁבַּשָּׁמַיִם וּבָאָרֶץ.

תִּשְׁעָה מִי יוֹדֵעַ, תִּשְׁעָה אֲנִי יוֹדֵעַ, תִּשְׁעָה יַרְחֵי לֵידָה, שְׁמוֹנָה יְמֵי מִילָה, שִׁבְעָה יְמֵי שַׁבַּתָּא, שִׁשָּׁה סִדְרֵי מִשְׁנָה, חֲמִשָּׁה חוּמְשֵׁי תוֹרָה, אַרְבַּע אִמָּהוֹת, שְׁלֹשָׁה אָבוֹת, שְׁנֵי לוּחוֹת הַבְּרִית, אֶחָד אֱלֹהֵינוּ שֶׁבַּשָּׁמַיִם וּבָאָרֶץ.

עֲשָׂרָה מִי יוֹדֵעַ, עֲשָׂרָה אֲנִי יוֹדֵעַ, עֲשָׂרָה דִבְּרַיָּא, תִּשְׁעָה יַרְחֵי לֵידָה, שְׁמוֹנָה יְמֵי מִילָה, שִׁבְעָה יְמֵי שַׁבַּתָּא, שִׁשָּׁה סִדְרֵי מִשְׁנָה, חֲמִשָּׁה חוּמְשֵׁי תוֹרָה, אַרְבַּע אִמָּהוֹת, שְׁלֹשָׁה אָבוֹת, שְׁנֵי לוּחוֹת הַבְּרִית, אֶחָד אֱלֹהֵינוּ שֶׁבַּשָּׁמַיִם וּבָאָרֶץ.

אַחַד עָשָׂר מִי יוֹדֵעַ, אַחַד עָשָׂר אֲנִי יוֹדֵעַ, אַחַד עָשָׂר כּוֹכְבַיָּא, עֲשָׂרָה דִבְּרַיָּא, תִּשְׁעָה יַרְחֵי לֵידָה, שְׁמוֹנָה יְמֵי מִילָה, שִׁבְעָה יְמֵי שַׁבַּתָּא, שִׁשָּׁה סִדְרֵי מִשְׁנָה, חֲמִשָּׁה חוּמְשֵׁי תוֹרָה, אַרְבַּע אִמָּהוֹת, שְׁלֹשָׁה אָבוֹת, שְׁנֵי לוּחוֹת הַבְּרִית, אֶחָד אֱלֹהֵינוּ שֶׁבַּשָּׁמַיִם וּבָאָרֶץ.

שְׁנֵים עָשָׂר מִי יוֹדֵעַ, שְׁנֵים עָשָׂר אֲנִי יוֹדֵעַ, שְׁנֵים עָשָׂר שִׁבְטַיָּא, אַחַד עָשָׂר כּוֹכְבַיָּא, עֲשָׂרָה דִבְּרַיָּא, תִּשְׁעָה יַרְחֵי לֵידָה, שְׁמוֹנָה יְמֵי מִילָה, שִׁבְעָה יְמֵי שַׁבַּתָּא, שִׁשָּׁה סִדְרֵי מִשְׁנָה, חֲמִשָּׁה חוּמְשֵׁי תוֹרָה, אַרְבַּע אִמָּהוֹת, שְׁלֹשָׁה אָבוֹת, שְׁנֵי לוּחוֹת הַבְּרִית, אֶחָד אֱלֹהֵינוּ שֶׁבַּשָּׁמַיִם וּבָאָרֶץ.

שְׁלֹשָׁה עָשָׂר מִי יוֹדֵעַ, שְׁלֹשָׁה עָשָׂר אֲנִי יוֹדֵעַ, שְׁלֹשָׁה עָשָׂר מִדַּיָּא, שְׁנֵים עָשָׂר שִׁבְטַיָּא, אַחַד עָשָׂר כּוֹכְבַיָּא, עֲשָׂרָה דִבְּרַיָּא, תִּשְׁעָה יַרְחֵי לֵידָה, שְׁמוֹנָה יְמֵי מִילָה, שִׁבְעָה יְמֵי שַׁבַּתָּא, שִׁשָּׁה סִדְרֵי מִשְׁנָה, חֲמִשָּׁה חוּמְשֵׁי תוֹרָה, אַרְבַּע אִמָּהוֹת, שְׁלֹשָׁה אָבוֹת, שְׁנֵי לוּחוֹת הַבְּרִית, אֶחָד אֱלֹהֵינוּ שֶׁבַּשָּׁמַיִם וּבָאָרֶץ.

חַד גַּדְיָא, חַד גַּדְיָא. דְּזַבִּין אַבָּא בִּתְרֵי זוּזֵי. חַד גַּדְיָא, חַד גַּדְיָא.

וְאָתָא שׁוּנְרָא, וְאָכְלָה לְגַדְיָא, דְּזַבִּין אַבָּא בִּתְרֵי זוּזֵי. חַד גַּדְיָא, חַד גַּדְיָא.

וְאָתָא כַלְבָּא, וְנָשַׁךְ לְשׁוּנְרָא, דְּאָכְלָה לְגַדְיָא, דְּזַבִּין אַבָּא בִּתְרֵי זוּזֵי. חַד גַּדְיָא, חַד גַּדְיָא.

וְאָתָא חוּטְרָא, וְהִכָּה לְכַלְבָּא, דְּנָשַׁךְ לְשׁוּנְרָא, דְּאָכְלָה לְגַדְיָא, דְּזַבִּין אַבָּא בִּתְרֵי זוּזֵי. חַד גַּדְיָא, חַד גַּדְיָא.

וְאָתָא נוּרָא, וְשָׂרַף לְחוּטְרָא, דְּהִכָּה לְכַלְבָּא, דְּנָשַׁךְ לְשׁוּנְרָא, דְּאָכְלָה לְגַדְיָא, דְּזַבִּין אַבָּא בִּתְרֵי זוּזֵי. חַד גַּדְיָא, חַד גַּדְיָא.

וְאָתָא מַיָּא, וְכָבָה לְנוּרָא, דְּשָׂרַף לְחוּטְרָא, דְּהִכָּה לְכַלְבָּא, דְּנָשַׁךְ לְשׁוּנְרָא, דְּאָכְלָה לְגַדְיָא, דְּזַבִּין אַבָּא בִּתְרֵי זוּזֵי. חַד גַּדְיָא, חַד גַּדְיָא.

וְאָתָא תוֹרָא, וְשָׁתָה לְמַיָּא, דְּכָבָה לְנוּרָא, דְּשָׂרַף לְחוּטְרָא, דְּהִכָּה לְכַלְבָּא, דְּנָשַׁךְ לְשׁוּנְרָא, דְּאָכְלָה לְגַדְיָא, דְּזַבִּין אַבָּא בִּתְרֵי זוּזֵי. חַד גַּדְיָא, חַד גַּדְיָא.

וְאָתָא הַשּׁוֹחֵט, וְשָׁחַט לְתוֹרָא, דְּשָׁתָה לְמַיָּא, דְּכָבָה לְנוּרָא, דְּשָׂרַף לְחוּטְרָא, דְּהִכָּה לְכַלְבָּא, דְּנָשַׁךְ לְשׁוּנְרָא, דְּאָכְלָה לְגַדְיָא, דְּזַבִּין אַבָּא בִּתְרֵי זוּזֵי. חַד גַּדְיָא, חַד גַּדְיָא.

וְאָתָא מַלְאַךְ הַמָּוֶת, וְשָׁחַט לְשׁוֹחֵט, דְּשָׁחַט לְתוֹרָא, דְּשָׁתָה לְמַיָּא, דְּכָבָה לְנוּרָא, דְּשָׂרַף לְחוּטְרָא, דְּהִכָּה לְכַלְבָּא, דְּנָשַׁךְ לְשׁוּנְרָא, דְּאָכְלָה לְגַדְיָא, דְּזַבִּין אַבָּא בִּתְרֵי זוּזֵי. חַד גַּדְיָא, חַד גַּדְיָא.

וְאָתָא הַקָּדוֹשׁ בָּרוּךְ הוּא, וְשָׁחַט לְמַלְאַךְ הַמָּוֶת, דְּשָׁחַט לְשׁוֹחֵט, דְּשָׁחַט לְתוֹרָא, דְּשָׁתָה לְמַיָּא, דְּכָבָה לְנוּרָא, דְּשָׂרַף לְחוּטְרָא, דְּהִכָּה לְכַלְבָּא, דְּנָשַׁךְ לְשׁוּנְרָא, דְּאָכְלָה לְגַדְיָא, דְּזַבִּין אַבָּא בִּתְרֵי זוּזֵי. חַד גַּדְיָא, חַד גַּדְיָא.

Cypora Jonssoń, *Miriam Dancing*, 2010. Watercolour on paper.

Passover Songbook

Passover Songbook

Introduction

Singing in the choir of The Great Synagogue in Warsaw under the tutelage of Cantor David Ejzenstadt and Cantor Moshe Koussevitzky, my father Joseph (Yossele) Horowitz grew up immersed in the incredible richness of Jewish liturgical and Yiddish secular music. Fleeing his home on Mila Street at the outbreak of WWII saved his life. His immediate family, along with so many others in the Warsaw Ghetto including Cantor Ejzenstadt, lost their lives in Treblinka or in parts unknown. Family, friends, homes, synagogues, and the entirety of Yiddish life in Poland were eradicated. Yossele's uncle Philip Gilbert (brother of Yiddish author Shlomo Gilbert), helped Yossele and his wife Rose immigrate to Canada, through finding Yossele a cantorial position in London Ontario's Beth Israel synagogue. Many of theses Passover songs have travelled the long journey in time and culture to fill our homes today.

Although there are no manuscripts of the music of the enslaved and then emancipated Israelites, we know that they sang and played harps, timbrels, lyres, and trumpets. Music and song are referenced and revered throughout the Torah. We are grateful for the music and songs that our ancestors of latter centuries preserved. The arrangements that follow are accessible to musicians of all ages and they reflect Passover music old and new.

> "Anyone who recites song in prayer to God, will be privileged to recite song to God in the world to come".
> (Rabbi Yehoshua ben Levi, Sanhedrin 91b)

Kadesh Urchatz

Arr: D. Weiss

Ma Nishtana

Arr: D. Weiss

Avadim Hayinu

Arr: D. Weiss

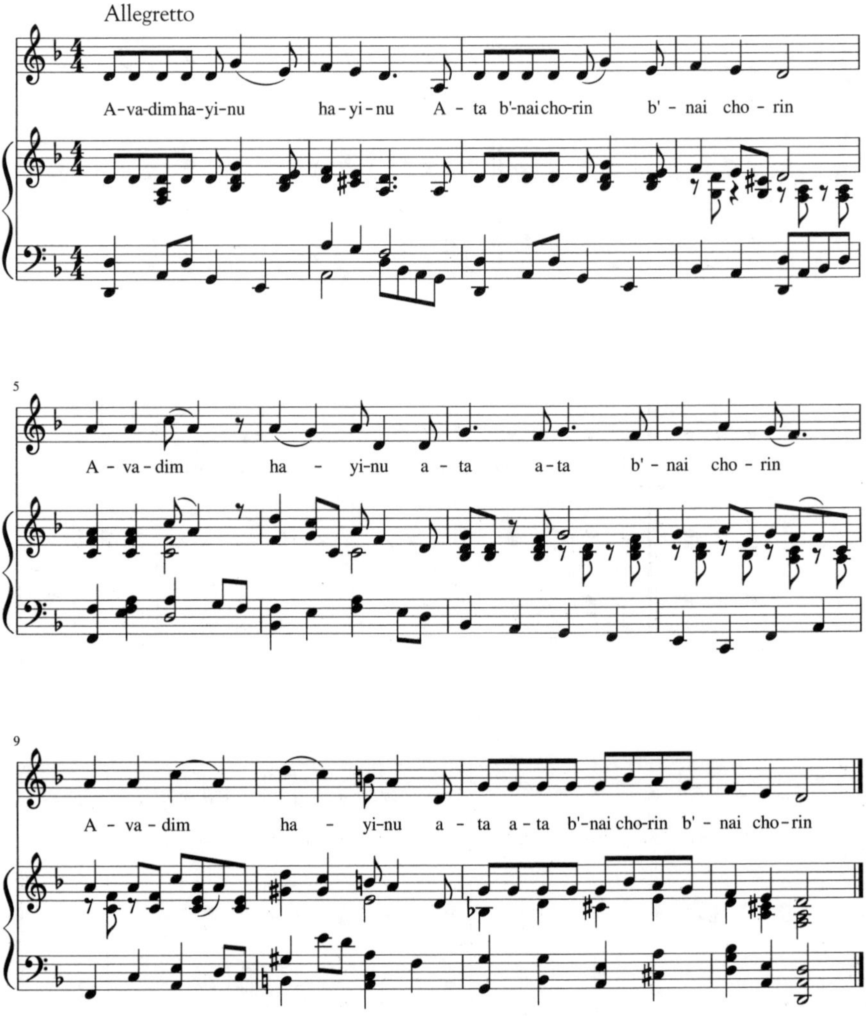
Allegretto
A-va-dim ha-yi-nu ha-yi-nu A-ta b'-nai cho-rin b'-nai cho-rin
5
A-va-dim ha-yi-nu a-ta a-ta b'-nai cho-rin
9
A-va-dim ha-yi-nu a-ta a-ta b'-nai cho-rin b'-nai cho-rin

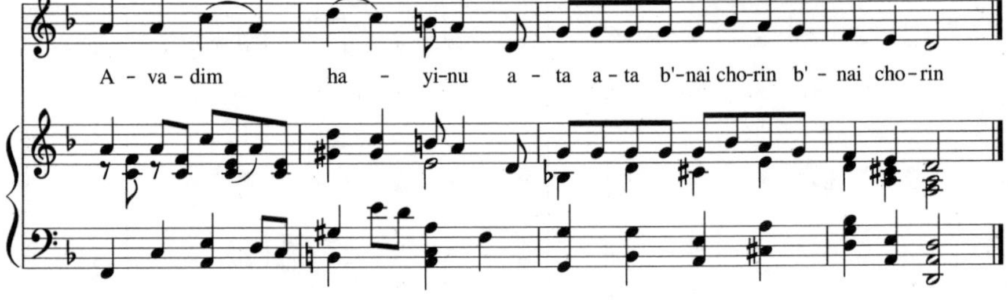

16
a-mad a-lei-nu l'-cha-lo-tei-nu E-la she-b'-chol dor va-dor om-dim a-lei-nu l'-

21
cha-lo-tei-nu Ve-ha-ka-dosh ba-ruch hu ma-tzi-lei-nu mi-ya-dam

26
Ve-ha ka-dosh ba-ruch hu ma-tzi-lei-nu ma-ya-dam

Vehi Sheamda

Arr: D. Weiss

Dayenu

Arr: D. Weiss

Verses 1-14 (full version)

1. Eilu eilu hotzi-anu, hotzi-anu mi-mitzrayim,
V'lo asa bahem sh'fatim DAYENU

2. Eilu eilu asa bahem, asa bahem sh'fatim,
V'lo asa ve'loheihem DAYENU

3. Eilu asa ve'loheihem, v'lo harag et be'choreihem,
V'lo harag et be'choreihem DAYENU

4. Eilu harag et be'choreihem, v'lo natan lanu et mamo-nam,
V'lo natan lanu et mamo-nam DAYENU

5. Eilu eilu natan lanu, natan lanu et mamo-nam
V'lo kara lanu et hayam DAYENU

6. Eilu kara lanu et hayam, v'lo ha'a-vee-ranu v'tocho becharava
V'lo ha'a-vee-ranu v'tocho becharava DAYENU

7. Eilu ha'a'vee-ranu, v'tocho becharava v'lo shei-ka
V'lo skei-ka tza-rei-nu b'tocho DAYENU

8. Eilu shei-ka tzra-rei-nu b'tocho, v'lo seepek tzar-chai-nu
Ba'midbar arba-im, arba-yim shana DAYENU

9. Eilu seepek tzar-chainu, ba'madbar arba-im shana,
V'lo he'e-chalanu et ha-man DAYENU

10. Eilu he'e-chelanu et ha-man, v'lo natan lanu et haShabbat,
v'lo natan lanu et haShabbat DAYENU

11. Eilu natan, natan lanu, et haShabbat v'lo kair-vanu
V'lo kair-vanu lefnai har see-nai DAYENU

12. Eilu kair-vanu lefnai har see-nai, v'lo natan lanu et haTorah,
Natan lanu et haTorah DAYENU

13. Eilu natan, natan lanu, et haTorah v'lo hech-nesanu
V'lo hech-nesanu, l'eretz Yisrael DAYENU

14. Eilu eilu hech-nesanu, hech-nesanu l'eretz Yisrael
V'lo vana lanu, et bait ha-be-heera DAYENU

15
ah va-ya-nos ha - Yar-dein yi - sov l'-a-chor he' ha - rim ra - ka-doo
19
chei-lim ge - va-rot kiv - nei tzon kiv - nei tzon B' - tzeit Yis-ra-el
23
mi - mitz - ra - yim beit Ya - a - kov mei - am lo - ez

2

B'tzeit Yisrael

Arr: D. Weiss

Moderato

18
don chu - li a - retz mi - lef - nei e - lo-ah ya-a-
mi-lif-nei a - don chu - li a - retz mi - lif - nei
24
kov ha-ho-f'-chi ha - tzur a-gam ma - yim ch-la -
e - lo-ah ya-a - kov ha-ho-f'-chi ha - tzur a - gam ma - yim
30
mish l' - ma - y' - no ma - yim
cha - la - mish l' - ma - y' - no ma - yim

Ma L'cha Hayam

Arr: D. Weiss

Eliyahu Hanavi

Arr: D. Weiss

Ani Ma'amin

Arr: D. Weiss

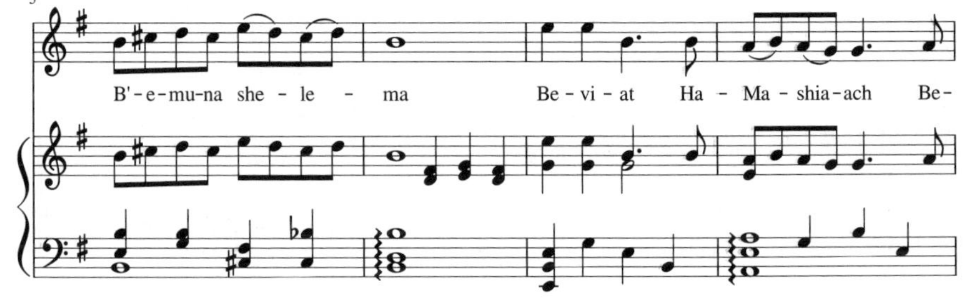

L'Shana Haba'ah

Arr: D. Weiss

Echad Mi Yodeiah

Arr: D. Weiss

*When singing Coda, add all previous Codas

Chad Gadya

Arr: D. Weiss

Allegretto

Intro

Refrain

Chad gad - ya chad gad - ya D' - za-bin a-bah bit-rei zu-zei

6

End of Refrain

Chad gad - ya chad - gad - ya

Verse 1.

1. V' - a - ta shun - ra v' - a-chla l'-gad - ya D'-

Go to Refrain

10

Verses 2 through 8

2. V' - a - ta kal - ba d' - na - shach l'-shun - ra d' -
3. V' - a - ta chu - tra ve - he - ka l'-kal - ba d' -
4. V' - a - ta nu - ra ve - sa - ra l'-chut - ra d' -
5. V' - a - ta ma - ya ve - cha - va l'- nu - ra d' -
6. V' - a - ta To - rah ve - sha - ta l'-ma - ya d' -
7. V' - a - ta hash - o-chet ve-shach - at l'-To - rah d' -
8. V' - a - ta ma - lach ha-ma - vet v'shach l'-sho - chet d' -

Coda*

2. ach - la l' - gad - ya D'
3. na - shach l' - shun - ra d'
4. he - ka l' - kal - ba d'
5. sa - raf l' - chut - ra d'
6. cha - va l' - nu - ra d'
7. sha - ta l' - ma - ya d'
8. sha - chat l' - To - rah d'

Go to Refrain

* When singing Coda, add all previous Codas.

9. V'ata haKadosh Baruch Hu v'schachat l'malach hamavet. 9. D'shachat l'shochet